逻辑学入门

张伟超 ◎ 著

北京日报出版社

图书在版编目（CIP）数据

逻辑学入门 / 张伟超著 . -- 北京：北京日报出版

社 , 2025. 3. -- ISBN 978-7-5477-5061-2

Ⅰ . B81

中国国家版本馆 CIP 数据核字第 2024U1E923 号

逻辑学入门

出版发行： 北京日报出版社

地　　址： 北京市东城区东单三条 8-16 号东方广场东配楼四层

邮　　编： 100005

电　　话： 发行部：（010）65255876

　　　　　　总编室：（010）65252135

印　　刷： 三河市龙大印装有限公司

经　　销： 各地新华书店

版　　次： 2025 年 3 月第 1 版

　　　　　　2025 年 3 月第 1 次印刷

开　　本： 710 毫米 ×1000 毫米　　　1/16

印　　张： 13

字　　数： 150 千字

定　　价： 48.00 元

前　言

　　大多数人，虽然会惊叹于古罗马潘提翁神殿恢宏的穹顶，却不会深究其背后是对那不勒斯火山灰的使用；大多数人，虽然会赞叹位于崇山峻岭中的长城的磅礴，却不会深究魏、秦、汉长城在构造上的区别。

　　没错，人们不屑于将精力倾注于那些耳濡目染、司空见惯的事物之中，人们希望追求那些能够体现自身独特观点、展示自身思维优势的事物。但这种追求，不过是我们为自己所编织的一种梦境罢了，是为了逃避思考而设立的远大目标。如果我们能够客观地认知自身，则可以意识到这是我们为了心安理得地享受安逸所寻找的合理化借口。

　　如果我们想要实现自我认知上的更新，那么我们便不得不面对一种现实，那便是我们每个人的思维本身是懒惰的，我们总是会找种种借口，从而使自己免于思考。因此，在面对我们熟悉的词汇、事物时，我们并不会去思考其背后隐含的庞大信息。

　　逻辑，这是一个我们再熟悉不过的词汇了，毕竟在我们的日常生活中，逻辑无处不在，无论是与他人交流，还是在工作中进行决策，抑或对这个世界进行理解，都需要运用到逻辑思维。

因此，我们不免会自信地认为自己已经掌握了足够的逻辑思维能力，但实际上，我们在频繁地运用逻辑思维能力的同时，由于种种偏见、谬误，以及情绪、心态、信念的影响，我们的逻辑推理与判断，时刻都在产生偏差。

· · ·

我们如何评判自己是否真正理解了一件事物呢？最简单的方法，便是尝试向他人描述与解释这件事物。以逻辑思维为例，我们是否有能力对逻辑思维进行抽象总结，并通过简单的方式使他人对逻辑思维有基本的了解呢？显然，许多人并不具备这种能力。

虽然我们在运用逻辑思维，但我们大脑中的惰性使我们并没有对逻辑思维本身进行深入思考。诚然，我们每个人都曾在互联网上获取过种种关于偏差、谬误的信息，我们知道那些耳熟能详的"赌徒谬误""诉诸人身""现状偏差"是什么，但我们并没有去思考其背后所蕴藏的原因。

这也是为什么有时人们可以感知到自身思维中所存在的问题，但却很难找到解决问题的方法。因为许多人的逻辑思维水平不足，所以只能聚焦于事物的表象，做到"头痛医头、脚痛医脚"。这是由于他们无法找出引发问题的根本原因，自然也就无法真正地解决问题。

还有一小部分人，虽然曾试图通过对逻辑思维的系统性学习提高自己的逻辑思维能力，从而使自己能够更清晰地认知世界、更有效地解决问题，但可惜的是，逻辑学作为一门精确科学，哪怕仅仅是理解逻辑符号的意义、通过逻辑符号进行运算，对许多人来说也是无法跨越的门槛。

虽然当下我们有着发达的互联网系统，可以使我们快速地获取和了解信息，但由于互联网上对许多信息的解读仍然停留在表象，仅仅进行了简短的介绍，并没有过多地涉及其背后的内容，因此也就没有太多的实用价值。

想要在庞大的互联网信息流中找寻出真正具有价值的信息，无异于大海捞针。因此，本书便有了存在的意义——本书将通过对这些信息的深层解读，与读者一同探寻逻辑思维漏洞的根源。同时本书力求"实用主义"，摒弃复杂的术语和理论，使用贴近生活的案例，逐步引领读者探寻偏差、谬误背后的原因，以引导性的方式，帮助读者在解决自身思维问题的同时，获得更好的逻辑思维能力。

· · ·

逻辑学是一门研究推理和论证的实用科学，它不仅可以帮助我们更好地思考与表达思想，使我们获得更大的竞争力与更好的人际关系处理能力，更为重要的是，对逻辑学的探究本质上是一种对自我的客观认知，有助于我们减少内耗，获得生活所必需的"松弛感"。

在当今这个信息爆炸的时代，只有通过对逻辑学的探究，才能够培养自身的批判性思维，从而在面对纷杂的信息时，有能力对信息进行整理与归纳，从而使我们挣脱种种误区，从容面对生活中的各种挑战。因此，对于每一位渴望提升自我、追求真理的人来说，通过对偏差、谬误的探究，从而掌握、提升逻辑思维能力，是一件迫在眉睫且至关重要的事情。而这本书，则会帮助你踏出第一步，也是最为至关重要的一步。

由于时间仓促，书中难免存在错谬之处，敬请批评指正！

张伟超

2024 年 8 月

目　录

第三章

群体洞察：重获独立思维

第四章

职场突破：拨开职场迷雾

第五章

人生纾困：突破人生边界

第六章

不疑自我：抚平自我内耗

第一章

思维破局：挣脱惯性桎梏

1 | 自证预言：百步穿杨？打哪指哪

经由原始本能、童年印记、环境影响而塑造的意识，掌握着我们的处事逻辑，但与我们朝夕相处的意识，却并不完全由我们所掌控。

意识的不受控性，体现在我们脑海中会不断蹦出细小且纷杂的念头。这些念头虽不会使我们陷入焦虑痛苦，却犹如一根"刺"一般，时刻影响着我们。许多人过于轻视这些挥散不去的念头，认为它们只不过是一些可以忽略的细碎烦恼，但这些细小的念头，实际上却如一条条隐秘的指引，引导与主宰着我们的生活。

· · ·

在生活中，我们都有过这样的经历：与朋友相处一阵子之后，脑海中突然蹦出一个念头——对方是不是不想和我交朋友？

这种疑问通常不会给我们造成太多烦恼，在短短的几秒之后，我们便可以将这个念头暂时挥散。但这个念头一旦产生，就会根植于我们的内心之中，如附骨之疽一般，在我们与他人相处的过程中不断闪现而出。

慢慢地，我们发现自己确实在与朋友不断疏远，甚至最终相忘于人海。而此时，我们会将这种细小的念头看作"第六感"，不但庆幸着自己并未在这段关系中投入太多，还感慨着自己"第六感"的准确性。

我们正如屹立于靶场中的神箭手一般，每一次拉弓引弦所射出的"第六感"，都如预言般准确地命中了我们的未来。但可惜的是，我们并不是神箭手，因为我们并不像真正的神箭手那般指哪打哪，而是在"自证预言"的戏弄下，打哪指哪。

所谓自证预言，便是当我们有了"对方是否在厌恶我们"这个想法时，会将这个想法当成一种必然会实现的结果，然后开始担忧对方是否将要疏远我们。正是这种担忧，触发了我们的自我防御机制，我们或是开始试探对方，或是开始主动减少情感投入，这自然使得我们与对方逐渐疏远，从而证实了我们最初的想法。

有时，我们虽然也可以认识到我们行为中的荒谬之处，但似乎总有一种力量，在阻碍着我们探寻出其中的"真相"。

如果我们运用逻辑学的概念对这种现象进行分析，便可以很清晰地认识到问题所在。

预言：认为对方想要疏远我们。

行动：开始频繁地试探对方，减少这份友谊中的情感投入。

结果：频繁的试探与我们的情感投入减少，使对方也开始减少情感投入。

反射：对方的情感投入减少，使我们更加认为对方要疏远我们。

我们也可以通过代入旁观者视角，以更加中立的思考方式来看待这种现象。

我们假设一个学生认为自己无法通过接下来的数学考试。

预言：自己没法通过即将到来的数学考试。

行动：不愿认真复习。

结果：因缺乏准备，考试更加难以通过。

反射：自己必然无法通过即将到来的数学考试。

通过这两个例子，我们可以清晰地看到自证预言表现出循环的态势。它的每一次循环都将加重我们对预言的认可，并强化我们的行动，最终使结果越发接近我们的预言。

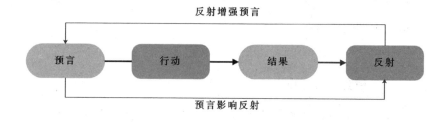

· · ·

其实，我们的思维过程之所以会出现这种自证预言的谬误，是因为我们在没有足够的论据支撑时，便进行了演绎推论，从而得出了错误的结论。

对方并不是想要疏远我们，考试也并非无法通过，不过是患得患失的念头使我们产生了担忧，从而影响了我们的行动方式，最终使我们主动地走向了所预言的结果之中。

想要打破自证预言的困境，不仅需要约束自己的负面念头，还需要锻炼我们的逻辑思维能力。在思考过程中，应重点倾向于理性的客观现实，依据线索进行推理归纳，而不是出自唯心的非理性无理假设。我们可以在行动阶段进行理性思考，打破自证预言循环，对思维逻辑进行转化。

预言：认为对方想要疏远我们。

行动：回忆对方是否表现出疏远的行为。

结果：对方并没有表现出相关行为。

反射：对方并不想要疏远我们。

理性思考的懈怠，会使我们的行为逻辑产生巨大变化，从而对我们造成深远影响，这也是为何"降心猿、伏意马"被看作是一个人最为重要的逻辑修炼之一。

◈ 要点速览

1.意识的不受控性，体现在我们脑海中会不断蹦出细小且纷杂的念头。

2.我们的思维过程之所以会出现这种自证预言的谬误，是因为我们在没有足够的论据支撑时，便进行了演绎推论。

3.想要打破自证预言的困境，不仅需要约束自己的负面念头，还需要锻炼我们的逻辑思维能力。

2 | 责任感过度：负责过头，反而成了坏事

列夫·托尔斯泰将责任感看作是一个人热情的基点，坦言道：正是因为责任感的存在，才使人产生了对事物的热情。确实，责任感是当今社会最为温柔的精神特质，出于责任感，人们才会在社会中进行利他行为，才能使人与人之间存在依赖、感动与信任。

虽然责任感在一定程度上是社会美德的体现，但那并不意味着我们便要对责任感这一观念予以不可撼动的正面意义。

• • •

在思考任何事物时，我们都需要具备逻辑学中的批判性思维能力，善于通过质疑辨析、科学推断的思考形式，去探寻事物的多面性，明确洞悉事物的本质。

责任感虽然时常表现出积极、温柔的一面，但过度的责任感，会使我们陷入焦虑与痛苦，同时也对他人造成负面影响。

在生活中，因责任感过度而造成的负面影响屡见不鲜。

嘉怡是家中的独生女，一次不幸的意外，导致嘉怡的

母亲不得不住院治疗。嘉怡虽然工作万分繁忙，但出于照顾母亲的责任感，即使母亲百般拒绝，她仍然选择与父亲轮换着照顾母亲。

所谓祸不单行，嘉怡的母亲尚未出院，她的父亲又因病入院，嘉怡自然又肩负起照顾父亲的任务。

见此，父母提议请护工，这样嘉怡可以安心工作。但是，嘉怡认为照顾父母是自己的责任，所以她选择了亲自陪护，但由于她不得不在医院和单位间来回奔波，父母难免会遇到嘉怡不在身边的情况。

一次嘉怡回单位时，母亲在无人看护的情况下突然摔倒，从而加重了病情。母亲病情的加重彻底击垮了嘉怡，她不得不请专业的护工照顾父母。

作为一种亲社会行为，责任感使我们愿意在帮助他人的过程中，放弃自身的利益或舒适，而这种出让自身利益的行为，有时并不会真正地损害我们自身利益。因为这种亲社会行为所释放的善意，往往能够得到温柔的回应，从而成为一种利他主义的现实体现。

但过度的责任感，却会使我们全然不顾自身利益，表现出一种自我牺牲倾向，让我们忽略了现实的困境与自身的能力，最终使自身陷入危险的境地，也对他人造成了负面影响。

因此，在过度责任感的影响下，我们的思维不免会陷入僵局。

在一家公司中有一位刚刚上任的经理，虽然他刚刚接手这个团队，但他觉得自己对这个团队有不可推卸的责任。

员工工作出错，不等员工解释或道歉，他便认为是由于自己的指令不够清晰造成的。

团队业绩下滑，不等员工们讨论原因，他便认为是由于自己的领导方向错误造成的。

团队中的任何问题，在这位经理看来都是自己的错误，但无论他怎么改正错误，怎么调整方向，团队仍然错误频出，业绩惨淡。

嘉怡和这位经理，都犯了逻辑学中的一个常见的错误，那便是混淆了内部感受与客观现实。他们都在根据自身的情绪与情感来评估责任、指导行为，却忽略了客观现实的存在。

过度的责任感，使嘉怡忽略了自身的能力限制；过度的责任感，使经理忽略了对团队成员的能力培养。

在我们进行逻辑思维决策时，过度的责任感影响了我们的决策方向，使本应有着多种方案选择的决策过程，转变为最能满足我们责任感的自我牺牲，这使得我们跳过了对方案的对比，从而失去了得到最具经济效果的决策可能。

正如嘉怡完全可以在开始就聘请专业护工照顾父母；经理也可以通过对员工能力的培养与对数据的分析，找出真正的问题所在。

想要挣脱过度责任感所造成的种种负面影响，想要以一种更加理性、周全的角度去处理生活中的问题，便需要通过决策树的思考形式，思考目标与问题之间的逻辑关系，并通过对多种方案的评估，充分考虑其效果、重要性，在理性的权衡中，做出最终的决定。

◈ 要点速览

1.过度的责任感，会使我们全然不顾自身利益，表现出一种自我牺牲倾向……对他人造成了负面影响。

2.在过度责任感的影响下，我们的思维不免会陷入僵局。

3.我们需要通过决策树的思考形式，思考目标与问题之间的逻辑关系。

3 ｜诉诸人身：语言的攻击性

通过语言上的沟通，人类才能以分工协作的形式，应对生活中的复杂挑战，因此《人类简史》中将语言看作认知革命的基础条件之一。语言带动人类进入高速发展期，无论哪一种语系，其蕴含的约束性、组织性与艺术性，帮助人类建立起了庞大且复杂的社会结构。

但很多时候，语言会使我们倍感烦恼，因为它本身具有的攻击性，常常会化作一柄柄利剑，深深刺痛我们的内心。

· · ·

对语言的规范使用，可以使我们获得许多益处，不仅能够帮助我们在复杂多变的环境中及时获取所需要的信息，也会让我们得到来自他人的帮助。

或许是习得语言的过程不够艰辛，我们总将语言看作是人类与生俱来的特质，因此无法以一种敬畏的心态去使用它。哪怕我们自认足够善良与温和，也不免会在日常的生活之中运用带有攻击性的语言，从而对他人、对自己造成伤害。

"做这项工作时，你忘了收集数据，后续你很难评估效果。"这种来自同事的暖心提醒，本该让我们感到善意。

可这种善意的提醒，并不一定会收获我们的感激，有时我们会回应道："你先把自己的工作做好再来关心别人吧！"

没错，我们有时不仅不感激同事的善意，反而会通过语言中的攻击性，去讥讽同事。我们不会去思考同事观点的正确与否，反而会将这种善意的提醒，看作是对我们工作能力的质疑。

因此语言时常成为我们思维逻辑产生偏差时的外在表象，它所展现出的攻击性，恰恰揭示了我们思维逻辑中普遍存在的谬误：诉诸人身。

在日常工作和生活中，我们不免要面对种种与我们认知相悖的观点，而对于这些不同观点的解构，会使我们完成自我认知的更新，掌握真正意义上的独立思考能力。

但可惜的是，我们很少对不同观点进行解构，相反我们往往会陷入诉诸人身谬误之中，通过寻找对方人格、能力、出身与职业的缺陷，通过对其进行言语上的攻击，来捍卫自己的观点。

在电影《十二怒汉》中，三号陪审员在面对与他人观点的冲突时，并没有去思考观点本身，而是通过贬低他人的年龄，将他人看作"不成熟的孩子"，从而获得话语权。

幸运的是，三号陪审员在长久的共处与激烈的讨论中，逐渐意识且修正了自己的错误，看到了他人思维、观点中的闪光点，从而实现了自我认知的更新。

但我们在日常的生活中，很难有这种长久且激烈的讨论。出于人与人之间的礼貌，这种来自观点的碰撞，往往在不想引起冲突的默契中被刻意隐藏。

因此，哪怕我们多次深陷诉诸人身谬误，也会由于这种刻意隐藏的原因，而无法认识到思维中的误区，从而错过一次又一次更新认知的机会。

观点是自我的一部分，但并不是自我的全部，与他人观点的碰撞，并不是对自我观点的改变，也并不意味着要否定自我。但在激烈的竞争环境中，我们时常会将观点与自我完全地绑定，将来自他人的观点碰撞，看作是他人对我们的攻击，从而通过反击对自我进行捍卫。

我们通过挖掘对方人格、能力、出身与职业中的缺陷，找出对方"不如我"的证据，再通过这种"证据"，全盘否定对方的观点，实现对自我的捍卫。但这种捍卫注定是可笑与无理的，因为它不仅会伤害到他人，也会伤害到我们自身。

那么，想要不再陷入诉诸人身谬误之中，以一种良好的心态与他人的观点进行碰撞，就需要我们通过正确的逻辑，认识到观点与自我之间的关系。

观点是我们思维的产物，它仅仅是我们对某一单独事物的思维加工结果，而加工过程受环境、信息与心态影响，不免会产生扭曲，使我们产生某些错误的观点。但观点的对错并不重要，一个人的一生中会有无数错误的观点，这并不可耻；相反，错误的观点更能够帮助我们进行自我认知的更新，是一件令人痛苦的好事。

将观点与自我之间紧密的逻辑联系"松绑"，我们才能以一种开放的心态去思考观点本身，从而认识到观点碰撞中所蕴藏的"机会"。

◇ 要点速览

1. 对语言的规范使用，可以使我们获得许多益处。

2. 语言时常成为我们思维逻辑产生偏差时的外在表象，它所展现出的攻击性，恰恰揭示了我们思维逻辑中所普遍存在的谬误：诉诸人身。

3. 观点是自我的一部分，但并不是自我的全部，与他人观点的碰撞，并不是对自我观点的改变，也并不意味着要否定自我。

4 ｜轻率概括：这个事情就是这么简单

随着计算机的出现与兴起，信息以一种前所未有的速度传播。相较于计算机高效的信息加工能力，人类在面对同样近乎泛滥的信息时，不免会感到无所适从与力不从心。但人类很难接受处于杂乱无序状态的信息，我们迫切地想要将信息整合、归纳与吸收。因此，在这个信息爆炸的时代，我们需要习得一种新的信息处理方法。

如果说，信息加工处理的理想状态，是将信息进行深度剖析与思考，探寻出其中的本质，并取其精华去其糟粕，而后理性吸纳，那么我们这种后天逐渐习得的信息处理方法，则称得上粗糙与轻率。

• • •

我们的大脑每天需要接触、处理无数信息，其中不乏一些复杂的信息，这就需要我们拿出很长时间进行思考，但信息的接踵而至，使我们并没有足够的时间去仔细斟酌。许多时候，我们在认知需求的驱使之下，不得不快速地处理信息，这就难免会对事物下错误的定义。

相信大多数人都听过"盲人摸象"的故事，盲人摸到象腿则说大象像一根柱子；摸到身躯则说大象像一堵墙。身处故事之外的我们，自然知道依据事物的片面表象来对事物进行全面定义是多么的可笑，但这种"盲人摸象"的行为，却在我们的生活中不断上演。

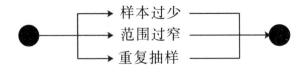

    我们去一个地区旅游，因为服务人员不礼貌，则认定这个地区的人都没有礼貌。

    我们看到几位女司机出了车祸，则认为所有的女司机技术都不好。

我们经常犯下"轻率概括"的错误，在没有充分认知事物的情况下，便匆匆地给事物下定义，并做出普遍性的结论。这虽然可以减少我们思考的时间，满足认知的需求，却让我们无法看清事物的本质，陷入逻辑谬误之中。

快速剖析事物本质，并找出事物运行规律，从而得出可靠的结论，这种"一针见血"的信息加工处理方式，是许多人所追求的境界。但这种"一针见血"的境界，本就建立在对事物的充分了解之上，需要对某一事物长年累月地观察与思考，并不适用所有领域。毕竟一个人无论如何，也无法做到全知全能。

虽然有时我们会认为自己可以"一针见血"地切中事物要害，

但这大多是一种自以为是，不过是我们出于对认知需要的满足，而进行的一次"心理按摩"罢了。因此，我们所谓的"一针见血"，不过是又一次地陷入了轻率概括之中。

如果我们将轻率概括这个概念进行细分，使其贴合社会活动的各个场景，就会发现我们时常陷入这种逻辑谬误之中。

刻板印象：某些地区的人都很有钱。

无依据结论：我每天运动，体重也没有减轻，说明运动没用。

夸大其词：他昨天在工作的时候看电影，说明他是一个不专心工作的人。

我们通过对事物的片面观察，将初步的结论看作是最终的结论，从而在信息尚不完整便进行归纳推理的状态下，对事物或他人草率地做出一般性定义。

在当今这个信息爆炸的时代，被无数信息侵袭的我们，似乎已经没有时间和精力对事物进行全面的思考。我们惧怕自己被社会淘汰，又没有能力对近乎海量的信息进行深度思考，因此只能粗暴、蛮横、草率地根据对事物的片面观察来做出一般性定义。

相信没有人愿意陷入思维逻辑谬误之中，只是许多人并不知道走出谬误的方法。而对于轻率概括谬误来说，我们所需要做的，便是将自己对事物观察的需求放在定义之前，承认自己暂时看不清某些事物的本质，在不下定义的前提下，继续观察事物。

这可以从改变自己的口头用语开始，比如将"全部""肯定"等词语，转化为"部分""也许"等，以语言带动思维，在未能了解事物全貌的情况下，不对事物进行定义性评价。

◈ 要点速览

1. 人类很难接受处于杂乱无序状态的信息。

2. 我们经常犯下"轻率概括"的错误，在没有对事物进行充分认知的情况下，便匆忙地给事物下定义，并做出普遍性的结论。

3. 我们所需要做的，便是将自己对事物观察的需求放在下定义之前。

5 | 虚假两难：我以前没得选择

随着社会分工的日益细化，大多数人都不得不通过在学校中的长时间学习，才能具备参与社会分工所必备的技能。而长时间处于"象牙塔"之中的我们，在步入社会后需要完成一次"蜕变"，才能洗尽身上的"学生气"，更好地融入社会。

对于"学生气"，在不同的角度、场合中虽然会有不同的解读方式，但就"蜕变"而言，最为关键的问题之一，则是需要尽快扭转自身思维的"两极化"。

· · ·

曾经在"象牙塔"中的我们，处于世界观的建立阶段。从教育角度来讲，这个阶段必须以一种简单、直接的方式，为我们建立起足够的道德感与荣辱感。因此，在"象牙塔"中的我们接收到了一些"非黑即白""非此即彼"的道理。

小时候，无论是老师，还是父母，总会向我们灌输这样的观点：

> "童话故事中的王子是好人，老巫婆是坏人。"

"如果你不好好学习，以后考不上大学，就不会有更好的发展。"

"你不好好吃饭就是坏孩子，没有人会喜欢你。"

这个阶段我们接收的信息或做出的选择，大多会呈现出两极化的状态，即在接收信息后，似乎永远只有一个极好的选项或一个极坏的选项供我们选择。面对这种情况，任何人都懂得该如何选择。这种两极化的选项，实际上本就只有一个答案，因此我们总是在以一种无奈，甚至不满的心态进行选择，这不免让我们感到痛苦与恼怒。

但这种痛苦与苦恼，在多次屈服，以及对美好未来的渴望的驱使之下，逐渐内化为我们的一种思维逻辑。我们似乎已无法感受到只有两极化选择对我们造成的困扰，甚至于将这种选择方式逐渐看作是一种理应如此的结果。

人类具有抵抗认知冲突的能力，我们善于调节自己的内心，运用心理防御机制来适应那些令我们感到痛苦的选择。但当这种"非黑即白"的思维被我们内化后，会不断带给我们新的困扰，在这种思维的影响下，我们的批判性思维也会逐渐被单一的逻辑连接词所替代。

在电影《无间道》中，刘建明对陈永仁说出了那句经典的台词："我以前没得选择，我现在想选择做好人。"这表现出了一种两难困境，似乎从前的他根本就没有选择权一般。如果我们以"非黑即白"的思维去看待刘建明，似乎从他踏入社会的那一刻起，便被打上了烙印，他只能一条路走到黑，没有任何反抗的余地。

但事实是这样吗？其实不是。他实际上还有很多选择的余地，在黑与白这种两极化状态之间，有无数的中间选项。他可以退出，也可以认罪，他并不是没有选择，只是他不愿放弃所拥有的，不愿为自己的错误支付代价罢了。

我们时常感觉如刘建明那般身不由己，但这不过是"非黑即白"的思维令我们陷入的两难困境罢了。

"工作不舒心，我应不应该狠心辞职？"

"与恋人相处不融洽，我要不要分手？"

这看起来也是两难的选择，毕竟无论是辞职还是分手，都意味着我们将失去曾经所投入的精力与情感；而如果不去辞职或分手，则会让我们处于焦虑与痛苦之中。

这种两难困境，实际上是一种自我设限，因为我们只需优化工作流程、改善与恋人的相处模式，便可以找出更多的中间选项，从"非此即彼"的选择中挣脱。

人生中所面临的许多两难困境，实际上不过是一种虚假两难，我们并非没有选择的余地，只是在"非此即彼"的影响下，考虑问题时过于两极化，将自我限制在两种极端的选择之中，自然会由于无法抉择而产生焦虑。

◈ 要点速览

1.我们接收的信息或做出的选择，大多呈现出两极分化的状态，即在接收信息后，似乎永远只有一个极好的选项或一个极坏的选项供我们选择。

2.我们的批判性思维也会逐渐被单一的逻辑连接词所替代。

3.我们考虑问题时过于两极化，将自我限制在两种极端的选择之中，自然会由于无法抉择而产生焦虑。

6 | 回归谬误：给我一个让我觉得舒服的答案

对美好生活的向往是人类的天性，毕竟离美好越近，便意味着离灾难越远。但人生往往不会一帆风顺，我们每个人都不得不面对人生中的起伏，因此我们希望找到一条能够通向美好生活的路径，从而能够心无旁骛地走向光明的未来。但这条路充满艰辛，虽然有时我们会收获短暂的美好，但这种美好似乎总是无法长久。

更多的时候，我们尚未来得及体验美好，便不得不去担忧未来可能发生的灾难，因此我们迫切地需要一个答案，一个能让我们放下隐忧，安心前行的答案。

· · ·

我们对答案的渴望，迫使自己不断地对事物发展进行推断，我们希望找出影响事物发展的因素，由此对事物进行全面掌控，使其发展、变化完全处于我们的预期与操控之中，从而获得我们渴求的安全感。

探寻问题的答案，找出问题的症结所在，似乎是一项行之有效的方法。但许多时候，我们对事物发展的前因后果的推断，却是盲目与无效的。许多时候我们并非为了探寻事物的本质，而是想找出一种能够使我们停止焦虑、使我们信服的答案，即使这个答案与真实情况背道而驰，也无所谓。

最近，王静感到很苦恼，原本在工作中顺风顺水的她，却频频失利，不仅工作进展缓慢，还时常与同事产生矛盾。虽然她试图去推进工作，以及与同事缓和关系，但没有任何的效果与改变，这让她感到万分焦虑。

她后续又尝试了许多办法，但都没有任何效果，倍感焦虑的她只能将这一切归咎于"低谷期"。在她看来，自己所遭遇的一切不顺，并不是自身行为存在错误，而是暂时陷入了职业生涯中必然经历的"低谷期"。找到所谓"答案"的她，瞬间从焦虑中挣脱出来，坚信自己并不需要做任何改变，只需要静静地等待，一切便会自然好转。

我们在寻找答案时，对答案本身的真与假、正确与否往往并不太重视，重视的是它能否起到心理慰藉的作用。正如王静这般，她工作推进缓慢、与同事之间产生矛盾，可能有着多种原因，只有找出其中的症结才能摆脱困境，但她却放弃了寻找真正的答案。毕竟相较起寻找真正的答案，给自己一个借口、一个慰藉要简单得多。

由此，对事物发展的前因后果的错误推定，让她陷入"回归谬误"之中，显而易见的是，哪怕她认为的原因消失了，也无法解决她所面临的困境。

　　时间是真理的朋友，我们对事物发展进行推断所得出的许多答案，哪怕在那一刻我们坚信不疑，但随着时间的推移，我们总会发现其中的错误之处。但遗憾的是，哪怕我们经历过无数次这样的推断和验证，也很难去扭转我们思维逻辑中的错误。我们一次次地挣脱回归谬误，又一次次地再次陷入回归谬误。

　　我们的思维方式，决定了我们看待世界的角度，也决定了我们对信息的处理能力。许多时候，我们之所以会一次又一次进行错误的推断，一次又一次地陷入回归谬误之中，就在于我们的思维仍停留于"线性思维"之中。

　　逻辑学上认为抽象逻辑思维是一种关键的思维能力，而"线性思维"则是以一种粗暴的方法，通过片面、直线的思维方式，仅对事物的表象进行判断，因此无法对事物进行复杂的判断推理。社会是由多种复杂因素构成的，同一事物也受到无数因素的影响，我们很难通过单一因素对事物进行推论，通过单一因素所进行的推论，最终自然会陷入回归谬误之中。

　　我们需要将"线性思维"替换为"发散性思维"，将"一题一解"改变为"一题多解"，从不同的角度对事物进行探索，最大限度地寻找事物背后的影响因素，并对结果持有保留态度，谨慎地通

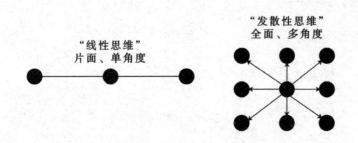

过行为对影响因素进行排错，并等待时间对结果进行验证，才能防止自身思维陷入"死胡同"。

◆ 要点速览

1.我们希望找出影响事物发展的因素，由此对事物进行全面掌控。

2.许多时候，我们对事物发展的前因后果的推断，却是盲目与无效的。许多时候我们并非为了探寻事物的本质，而是想找出一种能够使我们停止焦虑、使我们信服的答案。

3.我们需要将"线性思维"替换为"发散性思维"，将"一题一解"改变为"一题多解"。

7 ｜沉金陷阱：来都来了

人生中一个又一个决策，使我们的人生轨迹不断产生变化，每一次决策，都可能将我们推向与以往完全不同的未来。决策影响着我们的人生轨迹，因此我们都希望自己的决策能够正确无误。但保证决策的正确性却是一件十分困难的事情，因为受多种因素叠加影响的决策，在根本上决定了决策的不可控性。

我们时常会做出错误的决策，所幸决策所产生的效果需要时间的发酵，这也就意味着，哪怕是错误的决策，我们也有挽回的机会。

只是，我们真的想要挽回吗？

• • •

我们可以去挽回错误的决策，防止我们在未来陷入因错误决策所导致的麻烦之中。但很多时候，我们知道了自己的错误，也不愿去改正错误。甚至说，我们不仅没有去改正错误，还本着"将错就错"的想法，一步步迈入为自己搭建的"牢笼"之中。

互联网对信息流通的促进，使我们能够更全面地接触到某些企业的战略。许多时候我们会发现，这些企业不仅没有表现出理性结合体的特质，反而在一些重大决策中存在种种错误。

　　企业在消费降级的情况下，仍在消费者的诟病中，大力推出低性价比的产品。

　　企业的产品名称被消费者所厌恶，但却仍然固执地不愿做出改变。

　　管理者粗暴地对待员工，使得员工工作效率下降，但管理者却不认为是自己的错误。

许多人会为这些错误寻找所谓合理的借口，认为这是企业的一种销售策略，但业绩的颓势，却明显指出这是一个错误的"策略"。其原因在于，虽然这并不是一种理性的销售策略，但是企业的决策层不愿意为自己过往的错误策略做出改变，不愿意承认自己在企业战略方面的失误。

过往的错误决策成了一种"沉金陷阱"，这使得决策者哪怕已经意识到了过往决策的错误，也不愿去承认与面对。他们在错误的决策上进行新的决策，试图掩盖自己过往决策的错误，最终却只是"错上加错"罢了。

我们不愿承认自己过往决策的错误，反而寄希望于在错误的决策上进行新决策，从而扭转过往的错误。这种思维模式，注定只会让我们获得更加难以接受的结果。

沉金陷阱对逻辑思维造成的负面影响，贯穿于我们生活的每一个细节之中，我们愿意用诸如"来都来了"这样的借口为错误的决策开脱。我们不去修正、挽回错误决策所带来的影响，反而迫使自己接受错误决策，并以"苦中作乐"的方式自我安慰。

这种看似并不合理的思维方式，揭示了许多人思维中共有的一种错误，那便是在思维过程中，失去了对现实原则的坚守。我们之所以会陷入沉金陷阱，就是在于我们对快乐的追求，压制住了对现实原则的坚守。

从生物性角度来看，快乐作为一种高级的心理活动，建立在一种安稳的生存环境之上。因此，我们会牢牢把握每一次出现快乐这一情绪的机会。而对快乐的追求，自然很容易压制住对现实原则的坚守。

现实原则要求我们关注客观环境，以一种中立、客观的形式观察自身，这使得我们无法实现自我欺骗，无法以种种借口来迷惑自己，以此来获得短暂且虚假的快乐。但对现实原则的放弃，会使我们"错上加错"，最终虚假快乐所收获的正面情绪，将被巨大且无法阻挡的恶果轻易抹杀。

我们只有坚持真实原则，以中立且客观的方式进行决策，才能确保自己行走在正确的人生道路上。我们在收获成功的那一刻，将会获得巨大的满足感，而这种满足感所带来的"高峰体验"，是那些虚假快乐完全无法比拟的。

◈ 要点速览

1. 很多时候，我们知道了自己的错误，也不愿去改正错误。

2.沉金陷阱使我们在错误的决策上进行新的决策，试图掩盖自己过往决策的错误，最终却只是"错上加错"罢了。

3.现实原则要求我们关注客观环境，以一种中立、客观的形式观察自身，这使得我们无法实现自我欺骗，无法以种种借口来迷惑自己。

8 ｜诉诸普遍性：这有什么错？大家都是这么做的

人们以往因拥有广泛共识和共同喜好而形成的圈层，正在被当下的时代打破重组，正态分布也正在被长尾效应所取代。圈层的逐渐细分，使得个体可以在一个较为封闭的社交环境中，获取所需的社交养料。

但是，小而精的社交环境并没有纠正我们易受群体影响的思维逻辑错误，甚至说，它反而加重了我们思维逻辑中的一些错误之处。

• • •

虽然随着圈层的细分，我们受群体思维的影响正在降低，但这并没有消弭我们的社会共性。毕竟，我们不是孤立的个体，我们的社会性迫使我们尽可能地融入群体之中，不过在融入群体的过程中，难免会被社会中普遍存在的一些思维谬误所影响。

诉诸普遍性，指的是我们违背逻辑的中立性原则，将观点的成立与否，建立在这是不是社会中大多数人的想法或观点之上。这种现象在社会中普遍存在，我们的许多观点会本能地与社会贴近，因为只有如此，才能尽可能地降低我们所持观点的错误风险，并从群体的观点共识中，获得"我们一样"所带来的安全感。

> **达尔文**："我认为所有生物物种都是由少数共同祖先，经过长时间的自然选择演化而成的。"
>
> **反对者**："不可能，我们不是演化而成的，而是由神创造的。"
>
> **达尔文**："你有什么证据？"
>
> **反对者**："大家都这么说！"

当我们的观点并非出自秉持中立性原则的思考，而是出自迎合社会中大多数人的想法与观点时，则意味着我们丧失了自主思考的能力，成了"群体"这一集合概念的附庸。

同时，由于我们处于小而精的圈层中，使得我们对社会普遍观点的认知，仅仅通过所接触的一小部分人而形成，我们很容易将一小部分人的观点，当作社会大众的观点。

我们在不经意间被群体的共识性观点所影响，因此在许多时候，我们虽然外表张扬，但内心仍然与群体进行共振。所幸这并不是一件坏事，因为我们不可能与群体隔绝，我们需要群体成员向我们传授经验、技能，同时我们的社会性也需要群体的滋润以获得安全感。

我们需要避免自身陷入群体所带来的思维谬误之中，我们需要理性、中立地利用三段论思考方式来思考。如果我们以这种方式去看待诉诸普遍性，便可以很轻易地发现其中的逻辑错误。

大前提：如果一种观点被社会中的人普遍认同，那么这种观点便是对的。

小前提：许多人说人是由神创造的。

结论：人就是由神所创造的。

三段论的原则中，如果大前提是正确的、小前提是正确的，那么结论则百分百是正确的。但在这个分析中，我们可以发现，大前提本身便存在错误，所以就无法保证结论的准确性了。

许多时候，我们之所以会陷入诉诸普遍性的谬误之中，能够心安理得地喊出那句："大家都这么做。"根本原因在于，我们的观点只要贴合大众，便会产生责任分担性，我们可以不再为自己观点的对错负责，毕竟我们此时所担任的角色只是社会大众观点的传递者而已。

这也是一种诡辩的方法，我们将自己的观点与社会大众绑定，似乎便立于不败之地，因为对方想要驳倒我们的观点，便是在与整个社会群体作对。这种诡辩或许可以让对方停止与我们的辩论，但这无法令对方信服，最终我们的社交评价也会因此受损。

◈ 要点速览

1.诉诸普遍性，指的是我们违背逻辑的中立性原则，将观点的成立与否，建立在这是不是社会中大多数人的想法或观点之上。

2. 当我们的观点并非出自秉持中立性原则的思考，而是出自迎合社会中大多数人的想法与观点时，则意味着我们丧失了自主思考的能力，成了"群体"这一集合概念的附庸。

3. 我们需要理性、中立地利用三段论思考方式来思考。

第二章

情感脱困：解脱情感困局

1 | 诉诸情感：抓住那个情感 "骗子"

相较于动物，人类的情感要更加丰富与生动，我们不仅具备喜、怒、哀、乐、惊、恐等基础情绪，更有着衍生于其上的高级情感。内疚、焦虑、沮丧等复杂情感约束着我们自身的行为，构建了我们在社会中的信任基础，从而使我们能够更好地与他人建立联系。

但复杂的高级情感，也很容易成为被他人操纵的弱点，导致我们在社会中的许多行为与决策不再是自身独立思考的产物，而是出自他人有针对性的暗示。

部分基础情绪与高级情感

01 快乐	02 愤怒	03 悲伤	04 恐惧
欣慰、满意、自豪、愉悦、兴奋、享受、满足	恼怒、义愤、刻薄、气愤、怨恨	沉闷、寂寞、自怜、沮丧、绝望	焦虑、担忧、惊恐、疑虑、警惕、惊骇

· · ·

情感是可以被操纵的。我们每天走过的街道、电视中播放的内容、一句不经意间飘进我们耳朵的台词，都可能使我们不自觉地受到他人的操纵。这或许有些危言耸听，但如果我们仔细地思考一下，不难发现这种操纵可谓无孔不入。

许多电视剧中出色的主角，往往成为我们的理想模板，我们希望如主角那般，拥有出色的工作与不菲的收入。既然被称为理想生活模板，自然与我们现有的生活存在着巨大的落差，因此我们很难成为这样的主角。

如果说，电视剧是含蓄的，那么在各个信息平台上铺天盖地的广告，则通过直接的广告词，在有针对性地对我们的情感进行操纵。在广告的作用下，我们便产生了无法抵抗的购买欲。

爱情：爱 TA 就在情人节这天给 TA 买一条项链。

内疚：给为了照顾你而日渐衰老的父母，买一个足浴盆吧！

恐惧：伏案工作的你，不要等得了颈椎病再后悔。快给自己备一个按摩仪吧！

羞耻：不要成为团队的短板，快加入我们的职场课吧！

当广告针对我们的情感对我们进行暗示时，逻辑便很容易被情感所替代，逻辑的对错也就被情感的真假所取代，从而陷入"诉诸情感"谬误之中。

电视剧与广告在无意间将我们操纵，使我们放弃了自身思维的逻辑性，在诉诸情感谬误中怀揣着内疚、恐惧，被迫地遵循他人引导。但好在，电视剧与广告出于对受众广度的考虑，并不会完全针对某一个人的情感弱点进行操纵。

而在恋人之间，如果一方针对另一方的情感弱点进行操纵，则更具备针对性与破坏性，往往会造成令我们悔恨终生的结果。我们需要具备识破情感操纵的方法，帮助我们规避这种可能存在的危机。

我们之所以会陷入诉诸情感谬误之中，在于我们存在关联性错误，我们对他人引导、操纵的服从，在于我们忽略了逻辑上的关联，而只注重情感上的关联。

> 正如从逻辑上来说，在情人节那天我们并非一定要购买项链，我们可以用一束鲜花来表达爱意；报答日渐衰老的父母也不必买一个足浴盆，我们可以通过更多的陪伴来补偿父母。

如果我们从逻辑关联的角度来看下面这段对话，则可以很清晰地认识到对话中的问题所在。

> 甲："你可以送我一个手机吗？"
>
> 乙："我现在工资很低，并没有足够的钱去买那么昂贵的手机。"
>
> 甲："我就知道你会这么说，你不是没钱，只是不爱

我了。"

乙："不要这么说，我怎么会不爱你呢？我一定给你买。"

这是恋人之间一段有些"俗套"且"露骨"的对话，在现实环境中或许很难被重现，但却可以清晰地揭示诉诸情感谬误的存在。

如果我们从情感关联的角度来看，买手机与爱不爱对方之间似乎形成了关联，但如果从逻辑的角度来看，买手机就一定代表着爱对方吗？显然这是不成立的。因为一个不爱对方的人，也可以出于其他目的赠送礼物。

因此，想要打破诉诸情感谬误，所需要的便是纠正关联性错误，即注重逻辑关联而忽略情感关联。

◈ 要点速览

1. 复杂的高级情感，也很容易成为被他人操纵的弱点。

2. 情感是可以被操纵的。我们每天走过的街道、电视中播放的内容、一句不经意间飘进我们耳朵的台词，都可能使我们不自觉地受到他人的操纵。

3. 我们之所以会陷入诉诸情感谬误之中，在于我们存在关联性错误，我们对他人引导、操纵的服从，在于我们忽略了逻辑上的关联，只注重情感上的关联。

2 | 偏见盲点：如果人人都像我这样该多好

人与人之间建立起友谊并不容易，这往往要求两个人的世界观、价值观有相似性，并且不存在根本上的冲突。但哪怕是世界观、价值观相似的两个个体，想要建立一份友谊，也不免要克服重重阻碍。

友谊的建立不仅需要包容对方的缺点，也需要克服自己的偏见。可惜的是，很多时候我们不仅无法包容对方的缺点，更无法意识到自己的偏见。

• • •

当今社会中的许多年轻人面临着婚姻上的难题，这种难题并不是来自婚姻中的柴米油盐，而是许多人根本无法找到一个适合结婚的对象。因此，我们可以看到，许多年轻人高喊着"不婚主义"，但在内心深处还是希望找到与自己完美契合的另一半。

友谊是爱情的基础，仅仅是友谊的建立，便已称得上十分不易，更遑论在友谊之上的爱情。而这一问题之所以存在，就在于许多时候我们在尝试与他人建立友谊时，过多地关注对方的特质，而忽略了自身的偏见。

大多数人都容易对他人或事物产生偏见。这一观点或许会被许多人所诟病。毕竟根据多份研究报告显示，大众通常会认为自己的偏见比他人少，自己的思考方式也更加偏向于理性。但很多时候，这不过是一种自我美化罢了。

在公共场合中，吃有气味的东西、高声讲电话、跑来跑去，都会被我们看作是没有素质的体现。

诚然，我们并不会做出这种影响他人的行为，但我们也可能在某些时刻有类似"没有素质"的表现。我们可以看到别人行为中的错误，却很少看到自己的错误，因此我们总认为别人身上存在种种缺点，却很少审视自身。其实，许多人身上存在的缺点，我们自身也有。

我们总是在无意间严以律人、宽以律己。我们认为自己具备足够的理性与逻辑性，从而高高在上地去指责他人的缺点，但可惜的是，这不过是一种"偏见盲点"罢了。

眼睛是一个复杂且精密的器官，拥有强大的分辨能力与成像能力，但它仍具备生理性的盲点，有无法看清的暗区。我们的思维也是如此。受自尊、自我评价、自我认知的影响，我们的思考过程不可避免地存在着盲点，阻碍我们更好地融入社会，使我们难以与他人快速建立稳固的联系。

午休时间，同事们围在一起窃窃私语，大家都以一副高高在上的表情，谈论着同事小李的事。小李在与大客户谈判时，由于多次短时间的洽谈耗尽了他的精力，从而使他的一项报价出现了错误，给公司造成了不小的损失。

窃窃私语的同事们似乎从小李的失误中获得了一种能力上的优越感，但没过几天，就在这群窃窃私语的同事中，有一位也遭遇了与小李一般无二的处境。曾经高高在上指责小李的他，在那一刻才突然理解了小李的困境。

我们很难做到以人为镜，因为我们往往只能看到他人行动的结果，却无法理解他人的处境。我们可能会由于自我内心的需求，刻意地不去观察事物全貌，通过草率的定义来获得心理上的满足。

因此，在一种不健康的情感关系中，双方往往都是以指责者的角色在进行交流，或是指责对方卫生上的邋遢，或是指责对方对家庭责任的懈怠。双方都认为自己有足够的资格去指责对方，毕竟在双方看来，都是自己做得太多，而对方做得太少。

我们时常感叹，如果每个人都像我们这般温文尔雅，那么人与人之间的社交也就不再复杂。但这显然是不可能实现的，因为我们自身也受偏见盲点的影响，并没有我们想象的那么完美。

◈ 要点速览

1. 很多时候我们不仅无法包容对方的缺点，更无法意识到自己的偏见。

2.我们认为自己具备足够的理性与逻辑性，从而高高在上地去指责他人的缺点，但可惜的是，这不过是一种"偏见盲点"罢了。

3.我们可能会由于自我内心的需求，刻意地不去观察事物全貌，通过草率的定义来获得心理上的满足。

3 | 投射谬误：榴梿这么难闻，
怎么会有人喜欢吃？

客观相对论认为，世界是客观存在的物质世界，并不依赖于意识，也不会被意识所改变。但这并不意味着我们每个人眼中的世界都是相同的，因为我们看待世界的角度、对事物的解读方法，会随着我们的主观意识所改变。

大多数人无法像哲学家那般，以一种超然的目光去解读世界。通常我们对世界的解读，是以我们自身为基点所进行的，这也是为何会有一种观点认为，我们眼中的世界是我们内心的投射。

• • •

每个人都对世界都有着不同的解读方式，世界也在我们内心的投射之下，显现出不同的状态。许多时候，我们对事物的解读大多是以自我为中心的，我们倾向于以自我的需求、感受和利益对事物进行解读。

以自我为中心对事物进行解读，不免会将自身的喜好、行为方式强加于他人身上，并认定对方与我们的想法一般无二。

小张最近正处于热恋之中，受到爱情滋润的他，愿意为对方奉上一切。在他看来，没有任何事情能比得上与恋人一同旅游。因为在旅游中除了能感受不同的风土人情，还能产生更多专属于两人的美好回忆。

每次，小张都尽心规划旅行方式，竭尽所能地让恋人能够轻松且快乐地享受旅行。但随着时间推移，小张感到有些不太对劲。以往对旅行同样抱有热情的恋人，如今却对旅行有些抵触，甚至是直截了当地表示拒绝。

在小张看来，对方的拒绝是无法理解的，这似乎在暗示着情感的终结，但哪怕对方百般解释，小张也无法迈过这个坎，最终在一次争吵过后，两人不欢而散。

对于一个喜欢旅行的人来说，他很容易产生"没有人不喜欢旅行"的观点，但对于许多人来说，旅行并不是一件易事，因为这既需要金钱的支持，也需要时间上的空闲。小张无法理解对方的困难，对方的解释在小张看来更像是一种狡辩。由于小张自身对旅行的渴望，使他将这种渴望投射到恋人身上，从而完全无法相信对方的解释。

这便是"投射谬误"。小张将自身对一件事物的主观看法，错认为事物的客观本质，正如讨厌榴梿（主观看法）的人，会认为榴梿气味难闻（客观本质）一般。

我们内心对世界的投射，使我们对世界的认知产生扭曲与失真。在这种扭曲与失真的影响下，我们的许多思考必然会产生错误的结论。在情感关系中，投射谬误往往会使情感错付，让我们陷入错误的情感关系之中。

投射谬误有着多种多样的表现方式，如果进行笼统地归类，可以粗略地分类为以下三种。

01 相同投射	02 情感投射	03 愿景投射
以自我为中心进行判断，将自我与他人的思想混为一谈。	面对自己喜欢的人时，只能发现优点；面对讨厌的人时，只能发现缺点。	将自己的主观愿景投射到他人身上，认为对方有着相同的愿景。

投射谬误会使我们产生许多错误的判断，让我们陷入盲区之中，难免出现将真情错付的情况。在生活中，我们虽然时常会因为投射谬误而造成情感上的损失，但不一定会意识到其中的问题所在，只是将自己的惨痛经历归咎于"遇人不淑"上。

对主观意识与客观本质的混淆，是许多人逻辑思维中的缺陷。出于种种心理因素，我们会将自己的主观意愿强加给客观事物，却忽略了他人并不会紧紧跟随我们的主观意识变化。这也是为何有时我们会主动通过投射谬误，来使我们相信自己脑海中所构建的情感愿景，从而心安理得地投入情感并等待回报。但我们之所以主动进行愿景投射，本就源自我们的理性对这份感情的质疑与担忧。

我们需要分辨自己的主观意识与事物的客观本质，正如我们喜欢旅游，却并不意味着旅游在客观上便是一件人人都喜欢的事情；我们希望赚到更多的钱，但也不意味着金钱这一物质在客观上便是人见人爱的。

因此，想要以一种更具逻辑性的视角看待世界，首先需要做的便是厘清主观意识与客观本质的区别。

◈ 要点速览

1.我们眼中的世界是我们内心的投射。

2.我们内心对世界的投射，使我们对世界的认知产生扭曲与失真。

3.投射谬误会使我们产生许多错误的判断，让我们陷入盲区之中，难免出现将真情错付的情况。

4 | 现状偏好：再忍一忍就会变好的

人生在世，难免会面对许多措手不及的危机，这些超出我们掌控与预料的危机，很容易使我们产生自我认知冲突。但我们并不会因为单一事件而永远处于痛苦、焦虑的状态中，因为我们的心理防卫机制将调和我们内在的认知冲突，使我们从负面情绪中得以挣脱。

可心理防卫机制并非在帮助我们从源头上根除使我们产生负面情绪的事物，它仅仅是给我们提供了一种能被接受的解释。因此很多时候，由于心理防卫机制的保护，反而使我们陷入更为长久的困境之中。

• • •

周遭事物随着时间的不断变化，很可能会让我们对事物的认知与经验的积累随着事物的变化而失去适配性。但我们的变化速度，在许多时候是具有滞后性的，因此我们在生活中，不免要面临来自周遭环境或事物带来的种种认知冲突。

虽然心理防卫机制可以帮助我们缓解认知冲突所带来的负面情绪，但想要从根本上化解这种负面情绪，则需要我们在意识到周遭事物变化后，及时调整自身对事物的认知，尽可能以一种全新的角度，去重新看待、解释事物。

但可惜的是，大多数时间里我们都在抗拒变化，像鸵鸟一般将头埋进沙子里，祈求变化尽快消失。大多数人都不喜欢变化，因为在我们祖先的生活环境中，变化所带来的不仅是认知冲突，还意味着危机可能迫近。

因此我们可以看到，哪怕是一个成功的组织或集合许多人智慧所形成的理性团体，也会追求安稳，拒绝变化。

柯达在胶卷市场完全可以称得上是巨头，但随着数码相机的兴起，柯达由于固守原有的经营模式，导致其营收接连下降，失去了在相机市场的竞争力。但鲜为人知的是，世界上第一款数码相机本就是柯达研发的，但柯达担心数码相机会冲击到胶卷市场，因此一直不敢大力发展数码相机业务。

世界的变化并不会因一家企业而停滞，在柯达内部，相信也有许多人意识到了数码相机对柯达造成的威胁，但即使如此，柯达仍没有及时地做出改变。

显然，哪怕是参与市场交换的理性团体，也无法排除自身偏好的影响。我们都愿意安于现状，希望停留在当下的状态，哪怕我们知道这种坚守会在未来造成无法挽回的损失。

对维持现有状况的偏好，被镌刻于我们的基因之中。我们希望世界是一成不变的，这样我们就不必去考虑未来可能存在的种种危机。因此，我们可以看到许多人在现状偏好的影响下，哪怕对当下的生活并不满意，也不愿做出改变。

在人际情感关系中，这种现状偏好往往会对我们造成非常严重的负面影响。甚至可以说，许多人在现状偏好的影响下，以一种悲剧的形式，走完了自己的一生。

陪一个错误的人走进婚姻的殿堂，是一件不幸的事情。有的人在衡量得失之后，理性地通过及时止损的方式，让自己免于悲惨命运的纠缠。有的人尝试过想要迈出这一步，但脑海中似乎一直有一个声音在告诉自己："再等等，等有了孩子一切都会好起来的。"于是，那即将迈出去的临门一脚在退缩中被收回，转而开始祈祷孩子的降生，希望借此改变自己不幸的婚姻。但孩子的到来真的会改变这一切吗？其实许多时候改变不了任何事。但好在，祈祷仍旧可以继续，那个声音继续说道："再等等，等孩子长大一切都会好起来。"但真的会好起来吗？这种出自现状偏好所产生的消极策略，不过是因为恐惧未来所做出的妥协，是心理防卫机制的一种体现。

◈ 要点速览

1. 心理防卫机制并非在帮助我们从源头上根除使我们产生负面情绪的事物，它仅仅是给我们提供了一种能被接受的解释。

2. 大多数人都不喜欢变化，因为在我们祖先的生活环境中，变化所带来的不仅是认知冲突，还意味着危机可能迫近。

3. 现状偏好所产生的消极策略，不过是因为恐惧未来所做出的妥协，是心理防卫机制的一种体现。

5 ｜选择支持：为什么要劝我？我根本就没错

受限于人类认知的局限性，我们每个人在生活中，免不了会犯下种种错误。因此，犯错本身并不是什么大不了的事情。在刚刚开始对世界进行认知的孩童时期，我们都能够坦然接受错误，并愿意为错误付出一定的代价。

但当我们步入成年，建立起对世界稳固的认知后，犯错这一行为却成了我们完全无法接受的事情。我们拒绝承认错误，更不愿为自己的错误行径付出代价。当我们把所有的错误都关在门外时，自然也就将真理关在了门外。

· · ·

在不断通过判断与验证建立世界观的过程中，我们每个人都获得了一定的自信。自信带来的效能感，使我们敢于承担责任，进而得以在社会中生存。但有时，我们似乎太注重维护这份自信，即使是在面对自己所犯下的错误时，也不愿使其受到丝毫损伤。

没错，我们在保护着自己的自信心，哪怕犯下错误时，我们的潜意识也在不断地为自己寻找借口。我们将错误归咎于他人、归咎于运气、归咎于环境，却很少归咎于自己决策的失误。

　　许多高价购买古董的业余收藏者，怀揣着忐忑的心情寻找专家进行鉴定。或许由于业余收藏者对古董的认知水平不足，许多所谓的古董都被鉴定为仿品。被鉴定为仿品自然是一件令人大失所望的事情，但对于业余收藏者来说，却未尝不是一件好事。

　　因为这虽然造成了财产上的损失，但也可以让业余收藏者或是悬崖勒马，或是在收藏之道上更为精进，成为专业的收藏家。可惜的是，许多业余收藏者并不接受这点，他们不愿意承认自己的决策失误，不愿意承认自己犯下的过错。他们会面红耳赤地向专家陈述自己的看法，试图推翻专家的结论，从而将自己的过错转化为成果。

我们不愿承认自己所犯下的错误，这听起来似乎与常识相悖，因为我们大多愿意将自己标榜为"知错就改"的人。但这种"知错就改"是需要建立在我们认识到错误的基础之上的，而许多人在内心深处，根本不认为自己犯下了错误。

因为许多人的思维模式被"选择支持"所限制。

我们如何判断自己是否犯下了错误？理智地说，我们可以根据事物的结果，去匹配我们的思维与行为过程，从中找出导向结果的关键因素，并判断这些因素是不是由我们的错误决策而导致的。

但许多时候，我们无法做到那么理智。我们在判断自己的错误时，虽然也会去寻找关键因素，但无法做到足够客观。相反，我们在选择支持的影响下，会竭尽所能地寻找那些令我们从错误中脱身的线索。

通常，我们作为旁观者，往往能够清楚地认识到身边的朋友正沉浸于一种并不值得的情感关系之中。虽然这段感情只会给朋友带来痛苦，但每当我们旁敲侧击地去提醒朋友时，朋友却完全无法理解我们话语中的玄机。

之所以会出现上面这种现象，源于我们脑海中存在的逻辑思维错误。当我们做出决定后，在选择支持的影响下，我们已经无法察觉到自己的错误了。因为我们进行思考时，大脑已经在有选择性地调动记忆了。

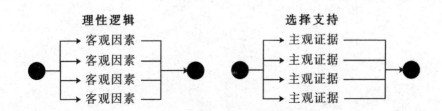

在选择支持的影响下，我们不再通过理性的客观因素来对我们自身决策进行判断，而是竭尽所能地寻找能够支持我们决策正确性的证据。这会使我们在犯了错误之后，却还坚定地认为自己没有做错，最终使一个小小的错误发展成无法接受的结果。

因此，想尽快地扭转错误，需要我们在思考过程中，知道哪些是客观因素，哪些是主观证据。

◈ 要点速览

1. 当我们步入成年，建立起对世界稳固的认知后，犯错这一行为却成了我们完全无法接受的事情。

2. 我们将错误归咎于他人、归咎于运气、归咎于环境，却很少归咎于自己决策的失误。

3. 我们无法察觉到自己的错误。因为我们进行思考时，大脑已经在有选择性地调动记忆了。

6 ｜享乐适应：只要能得到，我愿意付出一切

对一件美好事物的渴望，使我们甘愿付出精力，参与到复杂的事物之中，以求有能够实愿望的那一天。而在我们得到这美好的事物之前，我们就常常会开始幻想起愿望实现后的种种满足。

我们坚信自己对这件美好事物的愿望终究有实现的一天，也坚信当那一天到来时，我们所获得的巨大满足感，足以使我们终生受用。

但可惜的是，满足感所带来的快乐，或许并不足以支撑我们一生所需的消耗。

• • •

如果说，我们在日常生活中的许多决策，是在权衡利弊之后的理性决策，那么在渴望推动下做出的决策，则往往显得感性且难以控制。对一件美好事物的渴望，使得我们愿意不计成本地进行追求，毕竟我们投入再多的精力、金钱与时间，都无法与我们未来得到的巨大满足感相媲美。

但是，我们高估了未来满足感的持久性，低估了个体对情绪的

适应能力。因此，在情感关系中，我们经常可以看到许多恩爱的恋人最终以悲剧收场的例子。

如果一对恋人在情感关系加深的过程中，以结婚作为双方的共同目的，那么在这段感情中，二者之间则会拥有更高的情绪忍耐力与成本投入意愿。因为双方都愿意通过短暂地出让自身利益，以互惠互利的形式来换取二者的未来可能性。

当下两人所遭遇的一些情感困境，并不会使他们停下脚步，因为"婚姻"这一集合了世间许多美好的渴望，促使着他们付出更多的忍耐与成本。更何况付出的成本并没有"沉没"，而是会在未来婚姻达成的那一刻全部收回。

这对恋人是幸运的，他们确实踏入了婚姻的殿堂。但可惜的是，婚姻所带来的巨大满足感，并没有让他们沉浸太久。在短暂的欣喜、快乐之后，接踵而来的枯燥感很快便使他们的关系陷入危机。

我们低估了自己的情绪适应能力，高估了满足感的持久性，我们的思维逻辑中具备"享乐适应"的特质，那些令我们感到快乐与满足的感觉，在短暂的停留后，便会被我们所消化，转化为我们情绪中普通的一部分。

那些令我们产生渴望，并愿意为之持续付出的美好事物，往往只会在我们的情绪中激起强烈却并不持久的波澜，享乐适应特质使我们很快便会将其消化，转而开始寻求新的渴望，并继续重复这种过程。

　　许多人幻想过自己有钱后的生活，认定那时的自己将获得无止境的快乐。甚至于，这将帮助自己扭转性格中的缺憾。但实际上，哪怕是这些幻想得以实现，快乐也并不会持久，这也是为何许多富豪哪怕两鬓斑白，仍要尝试更多挑战的原因。

我们时常会在生活中感到枯燥与空虚，原因在于我们对自己的情绪动态有着错误的认知，许多人希望获得如影视作品表现出来的那般多彩的人生与澎湃的情感，但那不过是影视作品中戏剧化的展现。现实中，人的情绪符合正态分布，在大多数的时间内，我们的情绪是平稳的，那些激起我们情绪的外界事物，只是我们人生中的一小部分。

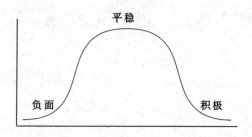

享乐适应让我们高估了美好事物所带来的快乐与幸福，从而使我们在许多事物中投入了过多的时间、精力和金钱成本。更为重要的是，享乐适应使我们不断追逐新的目标，去满足自己新的渴望，

认为这样才能寻觅到人生所必需的快乐与满足，而这种不断追逐的过程，必然会使我们陷入长久的压抑与焦虑之中。

因此，我们需要学会适应控制，尽可能延长快乐与满足的强度与停留时间，这便需要我们在降低自己对美好事物预期的同时，控制自身对美好事物追求的渴望，用理性打破感性的惯性，暂缓追求渴望的脚步，细细品味获得的快乐与满足。

◈ 要点速览

1.在渴望推动下做出的决策，则往往显得感性且难以控制。

2.我们低估了自己的情绪适应能力，高估了满足感的持久性。

3.在大多数的时间内，我们的情绪是平稳的，那些激起我们情绪的外界事物，只是我们人生中的一小部分。

7 | 公平谬误：我为你付出那么多，你就这么对我？

对于任何组织和集体来说，都需要为其所属的成员建立起一个公平的环境，才能使成员充分发挥自身才能。但由于人与人之间存在差异，绝对的公平反而会导致不公平，因此我们所能追求的，只能是相对公平。因为公平与否在很大程度上决定了我们在付出后能否得到相应的回报，所以我们每个人都在时刻关注着一个组织或集体的公平性。

但在对公平的评判上，我们很难做到如法官那般公正。因此，当我们关注公平时，就很容易在生活中感受到不公的存在。

· · ·

我们对公平的评判，只能出自我们自身的思想，其中不免会有倾向性。更何况，社会中的种种事物，很多时候无法以"称重"的形式去评判。因此，当我们以公平与否去衡量一段情感关系的时候，不免会陷入误区之中。

如果用公平与否去衡量一段情感关系，很容易引发冲突。

你在家中用一下午的时间准备了丰盛的饭菜，在与伴侣一同享用过后，你提出希望对方能够洗洗碗，然后将家里好好收拾一下。这个要求在你看来毫不过分，毕竟自己精心准备了饭菜，对方自然应该做一些其他的贡献。

但是对方却并没有答应你的请求。在感谢了你准备的丰盛饭菜之后，对方表示自己今天很累，可不可以只洗碗，其他的留到明天收拾。这本是一种在情感关系中经常出现的正常回应，但却会让你感到十分愤怒，认为这不公平。

对方的回应似乎意味着你一下午的付出失去了意义，你没有得到任何回报，而对方则变成了一个只知索取，不知感恩的"坏人"，一场争吵也不免随之展开。

我们对公平的关注，很容易使我们陷入"公平谬误"之中。我们用公平与否去衡量情感关系中的互动，以公平与否对他人的行为进行评判，每当对方的行为有悖于我们内心的公平时，则会被我们看作错误的行为，我们也就开始感到愤怒与不满。

更何况，我们对公平与否的评判，受到我们自身感受、环境、喜好的影响。在我们看来对方应该尽快开始打扫房间才是公平的回报，而在对方看来，养好精神，明天好好工作，努力赚更多的钱才是公平的回报。

我们对公平的关注，有时并不是为了追求公平。如果我们客观地观察自身，就会发现我们并没有对公平进行公正的评判。我们之所以会陷入公平谬误之中，在于我们许多人将公平看作一种可以作用于情绪之上的工具。

我们对公平的关注与追求，大多体现在出现分歧时。当与我们处于情感关系中的对方，行为上与我们的意愿相悖时，我们便会用公平这一工具将对方的行为强制性地定义为错误。

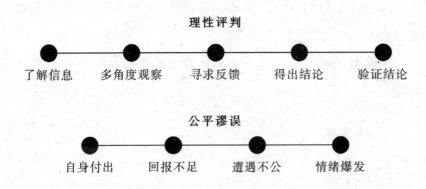

"公平"在情感关系中，往往被我们用作争夺话语权的工具，只要我们挥舞起"公平"这个大棒，对错也就并不重要了。我们既不需要去思考对方的处境，也不需要去思考付出与回报之间的比例，便可以将错误强加给对方，要求对方服从于我们。

但在情感关系中，或者说延伸到人与人之间的交际之中，对错往往是主观的。许多在我们看来是错误的事情，不过是我们基于自身立场、利益所做出的判断。因此，这种运用公平来强制对方服从的思维模式，显然是一种情感控制手段，而使用情感控制手段所操纵的情感，最终只会被反噬。

我们之所以会受到公平谬误的影响，然后在无意识中对他人进行情感操纵，实际上是出自我们对情感关系的"不安感"。我们希望对方处于我们的掌控之下，由此我们才能确保这段感情是安全的。而这种不安感正是摧毁一段又一段感情的罪魁祸首。

◈ 要点速览

1. 当我们关注公平时，就很容易在生活中感受到不公的存在。

2. 我们对公平的评判，只能出自我们自身的思想，其中不免会有倾向性。

3. 我们便会用公平这一工具将对方的行为强制性地定义为错误。

8 | 法厄同谬误：从锲而不舍到不自量力

人生在世，有许多事情都需要我们经过艰苦奋斗才能得以实现，而对"知其不可而为之"这种精神的践行，使我们能够获得动力、走出安逸、打破舒适圈，通过不断克服困难、超越自我，取得卓越的成就。

但我们的思维具有惯性，在我们稍稍松懈之时，惯性的力量便会使我们从锲而不舍滑向不自量力。

· · ·

我们既不是无所不能，也不是无所不知，因为每个人的能力是有边界的，我们所学习的知识广度与掌握的技能深度，决定了我们的能力边界。秉持着锲而不舍的学习精神，我们可以拓展能力边界，使我们能够完成一些曾经无法完成的复杂工作。

但锲而不舍的精神与现实目标之间，不仅需要时间的发酵，还存在需要克服的种种挑战。如果我们将目标设置得过于远大，或是过于困难，很可能使其超出了我们的能力边界，也就失去了可实现性。

此时若还"锲而不舍",则会滑向不自量力的一端。

在古希腊神话故事中，作为太阳神赫里阿斯之子的法厄同，从出生那天起便得到百般的疼爱。但可惜的是，父母的伟力并没有在法厄同的身上复现，在众神林立的奥林匹斯山中，法厄同只能算是资质平平。

但资质平平的法厄同，却在某一天向父亲提出驾驶一次太阳车的想法。父亲知道以法厄同的力量无法支撑驾驶太阳车所需要的巨大能量，因此断然拒绝了他。可是，法厄同的不甘促使他向父亲百般哀求。

爱子心切的父亲终究还是软下心来。得到驾驶太阳车机会的法厄同，本以为这是自己通过锲而不舍从而达成夙愿的一天。但法厄同没有意识到，不自量力的他并不具备如父亲那般的伟力，失控的太阳车焚烧了大地与河流，致使生灵涂炭。

法厄同不自量力地尝试去驾驭超出自己能力范围的太阳神车，最终的结果便是使自己步入死地。法厄同用自己的悲惨故事，向我们揭示了尝试去驾驭那些不具备可能性的事物，往往会在不自量力中陷入绝地，这便是"法厄同谬误"。

如果我们不顾自身能力，或者说是无法客观地评价自身，从而设置了不具备可实现性的目标，那么轻则事倍功半，重则一无所得。但我们的思维之所以会陷入法厄同谬误之中，实际上不只是简单的目标设置问题。

许多时候，我们的思维在处理复杂信息时，处于"窄带模式"，只能处理最为紧急的单一信息，这使我们常常以一种钻牛角尖的形式思考问题。而在这种思维模式之下，我们很难找出问题的真正症结，只能不断向着错误的方向沉沦。

　　正如当下有许多年轻人秉承着错误的恋爱观念，在情感关系建立伊始，便希望通过不断地讨好对方，无限度地满足对方的要求，从而"换取"到对方的青睐。但情感关系的建立并非理性的价值交换，而是感性的情感触发。这种通过不断讨好、无限度地满足对方来建立情感关系的方式，显然无法真正奏效，在许多时候反而会成为一种负担，让对方感到紧张并难以接受。

这种并不奏效的策略，在职场中往往能够及时收到来自上级、评价者的提醒，从而及时得以纠正。但在情感关系中，对方会保持基本的交际礼仪，并不会以一种强硬的口吻去表达自己的真实感受。

但陷在"窄带"思维模式中的讨好者，往往会将对方遵从社交礼仪的行为，看作一种情感关系建立的希望，从而更加积极地讨好对方，哪怕周围人不断劝阻，也无法动摇其分毫。而秉承这种策略的最终结局，自然是与法厄同没有区别。

我们之所以会去追寻那些超出我们能力范围的事物，以不自量力替代锲而不舍，并不是我们不懂得如何设立目标，而是受到"窄带"思维的影响，思维开始不断聚焦，失去了多角度看待事物的能力。

当多维度的思考模式被替换为单一维度，我们已无力变更策略，只能沿着错误的道路不断前进。而想要打破这种思维模式，最好的方式便是停下来，暂时放弃目标，从单一维度的思维中解脱后，再重新考虑策略。

❖ 要点速览

1.我们的思维具有惯性，在我们稍稍松懈之时，惯性的力量便会使我们从锲而不舍滑向不自量力。

2.锲而不舍的精神与现实目标之间，不仅需要时间的发酵，还存在需要克服的种种挑战。

3.当多维度的思考模式被替换为单一维度，我们已无力变更策略，只能沿着错误的道路不断前进。

第三章

群体洞察：重获独立思维

1 | "边缘人"：你这种性格，怎么可能成功？

戴尔·卡耐基的热销书籍影响了一代又一代的人，让无数人越来越推崇开放型性格。人们认为那些热衷于社交，可以在任何场合中侃侃而谈的人，有着更为出色的能力，并且具有更高的成功可能性。

对于开放型性格的推崇，自然会使大众对不具备这种性格的人群进行负面的评价。

· · ·

我们很难去评判一种性格的好坏，因为不同的性格顶多导致个体专注于不同的领域，并不意味着某一种性格特质便不具备成功的可能性。但人们对于开放型性格的推崇，使得那些回避社交场合、倾注精力于其他领域的人，被冠以"边缘人"的污名化称号。

虽然我们每个人都需要归属感，但这并不意味着我们要以一种统一的模式参与到社交的"狂欢"之中。因为在不同性格特质的作用下，有一些人能够直接从精神领域获取所需的"精神养分"，因而不愿参与到广泛的社交之中，这是一件平常的事情。

在社会上，"边缘人"往往会难以避免地承受许多来自他人的压力。

求学时，想要拒绝来自同学的聚会邀请，是一件十分有压力的事情，因为这很可能导致同学的不满，从而使自己遭到排斥。

工作时，想要拒绝来自同事的聚会邀请，也是一件很有压力的事情，因为这很可能使自己被看作"不合群"，从而无法担任领导岗位。

恋爱中，想要拒绝恋人的聚会邀请更是难上加难，因为这很显然会导致伴侣的不满，从而使得情感破裂。

对于一个不喜社交的"边缘人"来说，在生活的各个环节，都会遭遇来自他人的压力。面对这种压力，"边缘人"如果选择屈服，势必会在社交过程中感到焦虑；选择拒绝，则必然会承受他人不满带来的恶果。

因此，"边缘人"在社会中似乎处于一种纠结的两难状态，不论其选择何种社交方式，都会受到来自精神上的压力。

社交邀请往往被大众看作一种善意的表现，毕竟这一行为背后意味着一个人对另一个人的接受。因此，回绝他人的社交邀请，很容易被他人认作是一种粗鲁的表现。但正是因为这种行为是善意的，所以做出这种行为的人往往有些肆无忌惮。邀请者很多时候并不会考虑对方的真实处境，从而导致在邀请伊始，被邀请者似乎只有接受这一个选择。

每个人的精力都是有限，没有人可以一直以狂热的姿态参与到各种社交场合之中。这便意味着，我们不得不拒绝一些社交邀请，也就不可避免地成为一些人眼中的"边缘人"，从而承受负面社交评价的压力。

话语权争夺

01 **主动** 主观、有意识地对某一性格特质进行正面定义。	02 **被动** 受公众人物、书籍、影视等影响，大众自发性地追捧。

对社会中任何一种性格特质的负面定义，本身是一种大众之间话语权争夺的表现。一部分群体通过对自身特质进行正面定义，从而使得具备这一特质的群体可以争取到社会中更多的资源；同时，大众受公共媒体的影响，通过对出色个体的性格抽象，从而使某一特质获得了更多的社会评价优势。

我们身处社会之中，不可避免地会在大众共鸣中对这种思想产生认同，这使得社交成为一件充满压力的事情。更为重要的是，许多人将自己的性格特质看作一种缺陷，试图扭转自己多年养成的性格，迫使自己接受与自身性格相悖的行为，最终只能是让自己陷入无尽的焦虑之中。

每一种性格都有其独特的优势，"边缘人"虽然排斥社交，但却能够将更多的精力投入对事物的思考之中，从而推动社会文明的发展。

一个人的被边缘化与社会中的评价压力都不可怕，可怕的是一个人试图扭转自己并不存在的性格缺陷，盲目地遵循社会大众的观点，却从未思考过这种观点正确与否。

◈ 要点速览

1. 对于开放型性格的推崇，自然会使大众对不具备这种性格的人群进行负面的评价。

2. 虽然我们每个人都需要归属感，但这并不意味着我们要以一种统一的模式参与到社交的"狂欢"之中。

3. 一个人的被边缘化与社会中的评价压力都不可怕，可怕的是一个人试图扭转自己并不存在的性格缺陷。

2 | 团体迷思: "决策没错，都是执行的错"

科技的发展不仅带来了生活水平的提高，也使社会分工越发细化，相较于以往，如今的人们想要胜任一个岗位，需要花费更长的时间进行学习，才能获得谋取更好生活的可能。

同时，社会岗位与技能的细分，也使人们很难再以个体的形式参与到社会交换之中。

• • •

科技发展使得组织内部具有更加高效的协作能力，这也直接导致了市场环境中的竞争加剧，因此个体不得不参与到集体之中，通过群策群力的方式，才能以更低的生产成本，参与到市场流通环节之中。

在理想状态下，企业内部通过对个体能力的统筹善用，增加自身的市场竞争力，从而能够将更多的利润以多劳多得的形式进行分配，实现企业与个体的合作双赢。但这种状态在许多时候仅仅是一种理想，因为许多企业并没有充分发挥个体的能力，反而在抑制个体思维，从而陷入"团体迷思"之中。

瑞士航空公司曾经是瑞士的骄傲，机尾红色背景与醒目的白色十字，很长一段时间内都是航空业安全与优质的象征。但这一家拥有无数辉煌过往的公司，却最终破产，成为瑞士的"悲剧"。

这家航空公司的破产，虽然是在诸多因素共同影响下的结果，但其高级管理层在收购计划、并购对象方面所犯下的错误，是破产的决定性因素。虽然瑞士航空在扩张过程中不断遭到来自外界的质疑，但这并没有影响到高级管理层的决策被执行。

对于瑞士航空这么一家企业来说，其内部有无数对市场高度敏感的职业经理人与顾问，为何没有一个人意识到盲目扩张可能导致的可怕后果呢？实际上，或许他们不是没有意识到，而是不敢表达自己的意见。

有趣的是，在许多时候，越是大企业，越会压制内部个体的思想表达，这是为了提升企业运转效率所采取的一种管理方式。而内部个体观点表达被压制，则很容易让企业陷入团体迷思之中，从而导致企业失去自我纠错能力。

某些大企业在其内部形成了专属于自己的文化，个体对企业文化的认同与坚持，使企业内部能够以高度默契的方式，对信息进行快速决策。虽然在企业文化的号召下，群体之间以和谐的方式进行沟通与相处，但这也使个体无法勇于表达自己的观点，致使决策目的从追求准确与效果，转变为默契与服从。

对于大多数企业来说，其内部有着明确的等级观念。这种等级观念并不仅仅是通过文件形式规定而形成的，同时还源自上级对下级员工的评价权力。经由长年累月地不断展现与行使这种权力，最终在每个员工内心中形成默契。

员工不得不压抑自己的观点，迎合企业内部的主流观点，并尽可能地表现出对主流观点的追捧，从而防止自己被上级或评价者打压。而这种追捧出现在企业内部的各个环节之中，下到一场企划会议，上到企业的战略与人事任命调整，员工只要稍稍表现出一些不同的意见，就很容易遭受来自上级的负面评价。

企业内部常常处于团体迷思的集体思维之中，个体在压抑着自身的独立思考与表达欲望，尽可能表现出和群体观点的一致性。最终在长时间潜移默化的影响下，个体逐渐失去了思考能力与表达欲望，从而使企业内部的决策权与纠错权集中于有限的高层管理者之手。

有限的高层管理者在决策时，如果表现出具有倾向性的观点，无论下级是多么出色的分析师抑或专业的顾问，都会下意识地去迎合高层管理者的观点。这使得高层管理者只能接收到相同的观点，从而加强了对自身观点的认可度。最终即使企业步入险境，高层管理者也很难认识到这是源于自身决策的错误，反而很容易将其归咎于执行层面。

由此，团体迷思使一个本该通过对个体思维能力整合以形成更强竞争力的企业，在有限的高层管理者的管理下，走向终局。

◈ 要点速览

1.在理想状态下，企业内部通过对个体能力的统筹善用，增加自身的市场竞争力。

2.在许多时候，越是大企业，越会压制内部个体的思想表达，这是为了提升企业运转效率所采取的一种管理方式。

3.即使企业步入险境，高层管理者也很难认识到这是源于自身决策的错误，反而很容易将其归咎于执行层面。

3 | 合成谬误：追求个人利益最大化

在经济学中，为了方便人们的理解与探讨，于是将从事经济活动的普遍特征进行抽象，从而得出每一个从事经济活动的人，都在以最小的经济代价追求最大的经济利益的结论。任何个体都有权利去追求与实现权势、财富、情感等利益的最大化，因为个体对自身利益的追求与实现是其参与社会活动的根本动力。

但追求自身利益最大化的权利并非无限权利，而是有着明确的底线，那便是在追求利益最大化的过程中，不能损害到他人与社会的利益。

• • •

近年来，有些人将自己标榜为"精致利己主义者"，心安理得且毫无顾忌地牺牲着他人的利益以追求自身利益。在这种思想的影响下，有些人开始奉行"社会达尔文主义"，并且认为个体的成功与否，取决于其是否占有足够多的社会资源。

通过对他人利益进行侵害以换取自身的利益，这显然是与我们的传统文化和社会主流价值观相悖的。因此，"精致利己主义者"

往往会为自己的行为寻求合理性，宣称这种损害他人利益的恶意行为是一种能力的体现。更有甚者，会公然宣称"道德麻痹"的必要性，从而使自己免受心理上的煎熬。

许多人受自身逻辑思维能力的限制，会理解、相信，甚至认同这种论调，认为人人追求自身利益最大化有助于社会竞争，从而带动人类文明进步。这种观点是典型的"合成谬误"。实际上，正如经济学家保罗·萨缪尔森提出的对局部来说是对的东西，仅仅对局部而言是对的，不能因为其对局部而言是对的，便认为其对总体而言必然是对的。

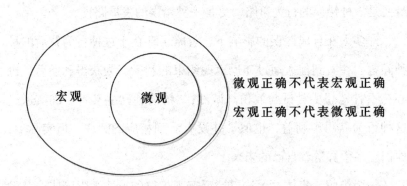

如果我们从个人角度出发去考量，为了最大化自身利益而牺牲他人利益，这种行为是极其不道德的。但对个体而言有利的事情，并不代表着其对一个群体也有利。

比如，一人在驾车时为了实现自身利益的最大化，在特定时段走非机动车道，从而以更快的速度到达目的地。但如果道路中所有行驶的车辆，都这么做的话，那整个道路交通必然会陷入拥堵之中，使所有人的时间都延误。

逻辑思维上的缺陷，使许多人陷入合成谬误之中，因此我们可以在社会中看到许多因合成谬误所导致的"内卷"现象。当街道上一个美食店获得成功后，其周边必然会快速出现相似品类的美食店，最终很容易陷入"降价螺旋"，使经营者陷入破产的危机之中。

可以说，"精致利己主义者"所宣扬的"社会达尔文主义"是一种对公共福祉的破坏，其在追求自身利益过程中，对他人所造成的损害，是违反社会公序良俗的。虽然其可以找到许多种借口来平衡自我认知，使自己不必遭受道德的谴责，但实际上，这种行为本身便是一种错误的行为策略，更是一种错误的发展路径。

许多人在合成谬误的影响下，忽略了存在于这种行为背后的种种问题，在看到他人通过违反道德约束的利己行为获得利益后，也心有不甘地想要尝试与效仿。诚然，"精致利己主义者"确实通过这种行为获得了利益，也似乎并没有受到相应的惩戒，但实际上，他们正亲手葬送着自己的未来。

一个组织、集体，无法以违反客观规律的形式无限膨胀，其发展必然会因为种种原因而受到限制。因此，其内部所存在的资源总量，注定是有上限的。个体为追求自身利益最大化而损害到他人利益时，必然会引起他人的不满与反感，因此大众会默契地选择远离这部分人。

个体想要获得足够多的资源，必然需要与他人进行合作。而对于大众来说，没有人愿意，或者说是敢于与一位"精致利己主义者"进行合作。这无疑限制了"精致利己主义者"的上升空间，无论其如何追求自身利益最大化，其所能获取到的利益总量，并不会产生数量级的变化。因此，即便其克服了内心的阻碍，但公序良俗的力量也已经对其形成了难以跨越的障碍。

◆ 要点速览

1.追求自身利益最大化的权利并非无限权利，而是有着明确的底线。

2.人人追求自身利益最大化有助于社会竞争，从而带动人类文明进步。这种观点是典型的"合成谬误"。

3.可以说，"精致利己主义者"所宣扬的"社会达尔文主义"是一种对公共福祉的破坏。

4 | 区群谬误：你一个大男人，怎么能哭呢？

我们脑海中对客观事物的反应，便是认知形成的开端。经由对事物的不断理解、深入与实践，能够使我们快速获取其中的信息，这一过程便被我们称为积累经验。经验的获得与传播，不仅使人类文化具有延续性，还使个体可以简化思考过程，依循过往认知来对事物进行思考。

不得不说，在面对海量信息时，依托经验进行简化思考，是一种有效的思维策略，但许多时候，这种简化有些过于粗暴了。

· · ·

如果我们细心观察便不难发现，在对客观事物建立认知开端时，即使是有悖于常识，人们往往也愿意以开放的态度进行全面的观察，并尝试通过实践进行验证。但是这种开放的态度并不会维持太久，当人们逐渐熟悉客观事物后，便开始呈现出封闭的态度，开始以固化的认知看待事物。

心态从开放到固化的这种过程，如果是在一个慢速发展的社会之中，并不会造成多么恶劣的影响，毕竟在慢速发展的社会中，客观事物本身的变化速度也会相应地变慢。但在一个高速发展的社会中，这种固化的经验，必然会因客观事物的变化而失去适应性。

客观事物变化使得经验失去适应性，理应迫使人们去修改自己对客观事物的认知，抑或调整自己的心态重新回归开放。但实际上，经验的传递性，使人们对客观事物的认知存在共鸣，即使个体因对客观事物错误的认知而受挫，也会在这种共鸣的影响下，坚持自身原本的观点。因此，我们就看到了社会上充斥着种种令人难以理解的"刻板印象"。

职业刻板印象：IT 工作者都穿格子衬衫，艺术工作者都不修边幅。

性别刻板印象：男人应该坚强，不能表现得柔弱；女人应该贤惠持家，不能独立自主。

这些刻板印象，其实是一种在统计层面经常出现的错误。假设个体具备群体的特征，从而以整体的特征来定义其下属个体特征，可知这种定义往往是错误的。因为对整体特征的抽象过程，往往无法覆盖整个群体，人们所认为的普遍特征，并没有经过整个群体的验证，这种思维上的谬误，被称作"区群谬误"。

在统计过程中，很难去完全探寻出一个整体所具备的全部特征，也很难去验证一个特征是否完全存在于整体中的每个个体身上。人们之所以会对某一个群体出现刻板印象，陷入区群谬误之中，本质上是为了简化对事物的认知，是思维惰性的产物。

虽然有时人们能够意识到思维中存在区群谬误，但也很难去进行改正，因为对一个群体的简化定义，能够减少大脑的信息处理负担。更多时候，人们根本无法意识到自身思维的错误之处，甚至会将区群谬误当作一种有效的谈判手段加以利用。

这种利用区群谬误来佐证自身观点的现象，在社会中并不少见。

> **生活**：对于一个年轻人来说，无论其父母做出多么错误的决定，他都不具备劝阻的能力。每当劝阻时，父母便会说出那句："年轻人，懂什么？"
>
> **职场**：对于一个年轻人来说，年龄成为他的劣势。在探讨晋升人选的会议中，大多数人会说出那句："他太年轻，办事还不够稳重。"

区群谬误很容易成为被他人利用的观点佐证，但因受困于区群谬误之中的群体太多，使许多人不仅不会对观点产生怀疑，反而会产生认同感。因此，我们可以看到，哪怕是社会中一直在宣传"刻板印象"的危害，但它却在人们的共鸣中一直存在着。

可以说，区群谬误是一种普遍且严重的逻辑思维错误，其混淆了集合概念与非集合概念。比如，我们可以将一个班级的学生看作一个集合概念，但其相同特征仅仅为班级相同罢了。

许多人无法厘清集合概念与非集合概念的区别，当其以年龄划分出一个集合概念后，再去观察其中个体的行为，建立起某个"刻板印象"，便认定这些特征在整个群体中存在。但实际上，一个年龄群体集合中的特征，在其不具备普遍性的前提下，是一种非集合概念，不应将其看作一个整体。

◈ 要点速览

1. 经验的获得与传播，不仅使人类文化具有延续性，还使个体可以简化思考过程，依循过往认知来对事物进行思考。

2. 当人们逐渐熟悉客观事物后，便开始呈现出封闭的态度，开始以固化的认知看待事物。

3. 区群谬误是一种普遍且严重的逻辑思维错误，其混淆了集合概念与非集合概念。

5 | 错失恐惧：我今天又错过了什么？

互联网改变了人类社会的各个方面，如今的人们足不出户，便可以快速地了解到以往无法触及的信息。同时，随着互联网技术的发展，人与人之间的距离也在不断缩小。从前那般车马很慢、书信很远的生活，一去不复返。

如果我们仔细观察社会中人与人的交际互动便可以发现，如今人们虽然依托互联网的便利条件，但却并没有结交到更多的知心朋友。换一个角度来看，互联网的便利，反而在一定程度上增加了人们的负担。

• • •

互联网技术的不断发展，使互联网从业者的心态也在产生转变。随着竞争的加剧，越来越多的互联网从业者在设计产品时，将重心由功能性转向体验感。互联网从业者开始绞尽脑汁地去探寻人性，思考如何加强产品与用户之间的黏度，以争夺用户的注意力。

随着这种设计理念的变化，在日常生活中，人们将越来越多的精力投入互联网之中。大多数人都不得不随时注意社交软件的消息、注意互联网上的最新资讯与不断涌现的全新词汇。

如果说，互联网可以有效分配人们的注意力，有节制、有限度地对信息进行约束，那么人们或许还能够有足够的喘息时间。但互联网产品的竞争，使每一款产品都在倾尽全力地吸引人们的注意力，从而使人们永远无法接收全部的信息，必然会遗漏掉其中的一部分。而遗漏的这一部分信息，往往会让人感到无比焦虑。

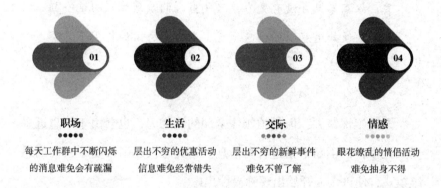

职场	生活	交际	情感
每天工作群中不断闪烁的消息难免会有疏漏	层出不穷的优惠活动信息难免经常错失	层出不穷的新鲜事件难免不曾了解	眼花缭乱的情侣活动难免抽身不得

每个人的兴趣不同，因此关注点也不尽相同。没有人可以关注到全部的信息，这便导致人们在生活中，不得不面对遗漏公司通知、错过优惠活动、无法融入话题等尴尬问题。而这种问题不断出现，使许多人开始变得患得患失，每天将大部分注意力投入互联网之中，祈求自己不要错过关键的信息，不要再次陷入尴尬的境地。

因此，我们可以看到，人们的生活变得十分紧张，每天都是以一张紧绷的面孔在生活。人们似乎永远无法真正放松，永远在担心会错过什么。这表明他们已经陷入"错失恐惧"之中。

对于个体来说，从来没有一个时期获得的信息比如今更多，但有趣的是，也从来没有一个时期，人们如此普遍地担忧着错过。人们担忧着错过新的词汇，担忧着错过朋友的邀约。人们在错失恐惧中，表现出一种持续性的焦虑状态。

各种互联网产品中，大多使用"红点"来提示未读信息。一个小小的红点，似乎有着无限的魔力，只要它出现的那一刻，人们便会不受控制地通过点击来消除它。其实，红点本身并没有魔力，只是当人们看到红点的这一刻开始，便知道有新的信息出现，在错失恐惧的作用下，哪怕当下再忙碌，也要去点击一下，去消除它。

人们担忧错失，但哪怕倾注全部的注意力，也会由于信息近乎无限之多，而不断地错过各种信息。错失恐惧逐渐改变了人们的思维模式，使许多人开始出现弥漫性焦虑。

信息错失带来的短暂焦虑，在不断堆积与重复的过程中，被转变为一种更为深刻的弥漫性焦虑。许多人在弥漫性焦虑的影响下，内心得不到片刻安宁，在没有任何外界刺激的情况下，依然会担忧不已，甚至会出现头痛、失眠等生理性症状。

实际上，人们之所以会由于错失恐惧而引发弥漫性焦虑，原因在于每个人都希望成为一个受欢迎的人。人们希望自己能够参与到所有的社交场合、希望自己不犯任何错误并受到所有人的喜欢。

但这注定是无法实现的，没有人可以被所有人喜欢。因为决定是否被喜欢的关键因素，许多时候并不是这个人的行为与话语，而是地位与立场。所以，想要摆脱焦虑，想要不再对错失感到恐惧，所需要具备的恰恰是敢于被人讨厌。

◈ 要点速览

1. 随着竞争的加剧，越来越多的互联网从业者在设计产品时，将重心由功能性转向体验感。

2. 从来没有一个时期获得的信息比如今更多，但有趣的是，也从来没有一个时期，人们如此普遍地担忧着错过。

3. 错失恐惧逐渐改变了人们的思维模式，使许多人开始出现弥漫性焦虑。

6 | 多数无知偏差：每个人都说不信，但每个人又都相信

在特定环境下共同生活的人们，在彼此协作之中组成了社会。但人与人之间的相处，通常也伴随着种种矛盾与障碍。大多数人都在追求自身在社会之中的影响力，希望通过影响力来推动自身愿景的实现，于是有人追寻职业、地位，有人追寻品格、才能。

• • •

在大众看来，想要通过影响力去影响他人，需要个体具有较高的社会地位，或是在某个领域有着极高的成就，其需要通过具有深度和启迪性的见解才能打动他人。

个体在一个独立的环境之中进行缜密的思考时，确实会懂得分析观点并选择相信与否。但当个体参与到一个集体之中时，个体的思考就会被打断。从中我们可以观察到，在许多时候，集体中的个体很容易因受到其他因素的影响而陷入盲从之中。

经济学家丹·艾瑞里通过一个善意的小玩笑，向我们揭示了这一点。

　　大学课堂中的学子们，在高强度的学习生活中，早已练就了一身对信息、观点进行分析的能力，并且尚在"象牙塔"中的他们，也敢于表达自身的观点。因此，在大众看来，大学教授的学识必须远超学生，才能够胜任这份工作。

　　经济学家丹·艾瑞里在一次课堂上故意对一些高深莫测的词语进行随机组合，最终连他自己都不懂这些词语的意思了。但当他将这些词语带到课堂上，用自己都无法理解的话语向学生们讲述时，预想中的质疑不仅没有出现，学生们还不时地点头，表现出一副大有收获的样子。

当个体参与到集体之中时，会开始以一种集体性思维进行思考，曾经以个体存在时所表现出的思维的缜密性，被盲从快速取代。在上述例子中，学生必然怀疑过教授所讲述的这些词语，但只要周边的人对此没有提出普遍性的质疑，那么他很快便会强迫自己接受这些词语，并尽可能地从中悟出种种不同的道理。教授凭借一己之力，运用随机组合的词语便影响到了身处教室之中的学生群体，在这整个过程中，没有一个学生站起来向他提出疑问。

　　有趣的是，身处这个教室中的每一名学生，都怀疑过教授的词语，每一个人都观察过集体中其他人的表现，却都认为其他人能够听懂教授的词语。因此，明明教室中所有人都怀疑过教授，最终却因为"其他人都相信"而没有提出任何质疑。

　　这种有趣的现象，被归纳为"多数无知偏差"。

身处集体之中的大多数人都是"无知"的。或者说，个体组成集体之后，有时会表现出"多数无知"的特质。显然，集体中的个体并非不具备足够的思考能力，他们的学识、见地也并非不足，而是集体行为的一致性约束使他们放弃思考，选择跟随集体中其他人的思维，从而使集体表现出"多数无知"的特质。

一个集体内部必然会存在约束性，因为只有当约束性存在时，集体中的个体之间才能维持基本的和谐共处，使集体不至于分崩离析。这种约束性，既可能存在于明确的规章制度之中，也可能存在于人们的口口相传之中，更多的时候，则是存在于人与人的默契之中。它虽然不会被时常提及，但当这种默契被打破时，个体往往会遭受集体的一致打压。

集体中的每一个人都无法真正地了解到集体中所有人的真实想法，只能通过他人所表现出的行为进行猜测。但出于一种集体性的默契，每个人在表达自己的真实想法之前，都会竭尽所能地掩盖自己的想法。最终导致的结果便是，在多数无知偏差的影响下，所有人只能选择被迫地接受。所以，我们可以在社会中看到，许多聚会的参与者，甚至说是聚会的组织者，都不希望参加聚会，只是碍于"别人都参加"而被迫地服从。

许多时候，当一个人在做好被"千夫所指"的思想准备后，将自己的观点公之于众时，却会惊奇地发现，原来自己有着数之不尽的拥趸。

◇ 要点速览

1.我们可以观察到，在许多时候，集体中的个体很容易因受到其他因素的影响而陷入盲从之中。

2.只要周边的人对此没有提出普遍性的质疑，那么他很快便会强迫自己接受这些词语，并尽可能地从中悟出种种不同的道理。

3.明明教室中所有人都怀疑过教授，最终却因为"其他人都相信"而没有提出任何质疑。

7 | 社会比较偏差：他们到底强在哪？

社会生产力的进步，使越来越多的个体能够摆脱重复的体力性劳动。人们终于得到短暂的喘息，可以暂时将目光从"满地都是六便士"转移到对自我与未来的思考上。但有时候，思考本身是一件"危险"的事情，因为思考一旦展开，就很难再受到约束。

第一位学会思考的人类，毫无疑问获得了更高的生存可能，而就在那一刻，思考的衍生物——比较，同时也降临到了他的身上。

· · ·

现代社会习惯通过数字化对事物进行直观的展示，但人们却很难通过数字化来对自我进行量化。社会中并不存在一种足够科学的自我量化方案，毕竟，人们很难客观地对自我进行评价。

一个人对自我的评价，或者说是对自我地位、学识、能力的量化需求，是非常迫切的。因为人们需要通过这种方式来认清自己的处境，从而使自己不必担忧陷入生存危机。虽然社会中不存在足够客观的量化方案，但这点小小的阻碍自然无法阻挡庞大的个体需求。所以，人类很快就找到了如何对自我进行评价的方式，这个简单的方式被称为"社会比较"。

```
向上比较
目标：略胜一筹的比较对象。
效果：获取向上的动力，迫
使自身学习进步。

向下比较
目标：稍逊一筹的比较对象。
效果：获取自信心，缓解生
活压力。
```

人们无法客观地进行自我评价，也就无法清楚自身当下的生存处境。但是人们会通过将集体、社会中的其他人作为标尺进行比较，来确认自己当下的处境。这种社会比较的自我评价方式，在帮助人们建立自我认知的同时，也帮助人们对自我情绪进行调节。

但是，许多人在通过社会比较行为建立对自我认识、进行情绪调节的过程中，却由于思维逻辑上的错误而产生偏差。具体表现为，其错误地选择了比较对象，从而使比较行为扭曲为攀比行为。由于这种"社会比较偏差"的出现，使许多人陷入焦虑之中。

社会中不同收入、地位、处境、爱好的人，构成了不同的"圈子"。在以往互联网尚不发达的社会中，"圈子"的不同带来了空间上的隔阂。不同"圈子"之间的个体，很难真实地窥探到对方的生活，因为可供个体选择的比较对象，往往与个体自身处境相似。

但随着互联网的兴起与发展，使不同"圈子"之间的空间隔阂被打破，不同"圈子"之间的个体，哪怕是相隔千里、许久没有联系，也可以通过社交媒体的形式，窥探到他人的生活。而其他人所展示出的生活，又往往是其最好、最有可能使人羡慕的一面。

显而易见，那些与自己相似的生活并不具备吸引力。因此，人们往往会被那些令人羡慕的奢侈生活所吸引。每个人的理性都在告诉自己，这些生活会对自我造成负面影响，但又很难遏制住窥探的冲动，因为思想是不受控制的。

因此，许多人在陷入焦虑之后，才能意识到那些来自他人、遥不可及的美好生活是"致命"的。

在电影《你好布拉德》中，有着幸福美满生活的男主角却总是由于焦虑而无法入睡。蜷缩在床上的他，手机屏幕中满是来自他人那遥不可及的美好生活画面，而这些画面中的人，曾经与他同处一间教室，有着与他一般无二的生活。

强烈的挫败感，使男主角对现状感到非常不满，哪怕他如今的生活在其他人看来，已称得上是无比幸福。这种挫败感所引起的焦虑在无数个夜晚摧残着他，思维的不受控使他完全无法忘却、停止想起这些画面。

在现实社会中，有无数人与电影中的男主角一般，由于选择了错误的比较对象，而忽略了已经拥有的美好生活，转而开始在焦虑中怨天尤人。看到别人购入新车、看到别人搬进新家、看到别人喜获升职，都令其无比焦虑乃至愤怒，然后在这种愤怒之中，全然忽略了自己有着幸福美满的家庭，有着他人无比羡慕的稳定生活。

对信息持有敬畏态度，是如今社会中许多人所缺少的思维策略。许多人往往因为信息的海量性和即时性，而陷入了信息过载、浅尝辄止或盲目跟风的困境。因此，对信息持有敬畏态度在当今社会中显得尤为重要。它不仅是个人成长和决策质量的关键所在，也是维护社会稳定和促进社会进步的重要保障。我们应该积极培养这种思维策略，以更加理性和负责任的态度面对信息时代的挑战。

◈ 要点速览

1. 思考的衍生物——比较。

2. 在以往互联网尚不发达的社会中，"圈子"的不同带来了空间上的隔阂。

3. 对信息持有敬畏态度，是如今社会中许多人所缺少的思维策略。

8 | 单一身份谬误：我只为自己代言

提及大众、群体的概念时，总是绕不开古斯塔夫·勒庞，他用一本《乌合之众》，成为大众心理学的奠基人之一。而在他的影响下，许多人如古斯塔夫·勒庞一般，对大众、群体进行了负面的定义，认为其内充斥着愚蠢、蒙昧，是一种低级的发展过渡形式，更是一种注定要被淘汰的现代群众结构。

古斯塔夫·勒庞认为，个体一旦身处群体之中便会失去思维能力，成为能够被轻易煽动与蛊惑的愚笨之人。

• • •

将大众看作"乌合之众"的论调在当今被普遍接受，即使古斯塔夫·勒庞的这本书受时代影响，具有时代的局限性，许多观点已经无法适用于现代社会，也并不妨碍大众对其进行追捧。毕竟对许多人来说，品读这本书似乎就跳出了大众与群体的身份，成为时代的理性旁观者。

群体与个体是相对的概念。同时，群体也是个体的共同体，社会中的每一个个体，都包含于群体之中。一个针对群体的负面评

价，为何会引起人们的追捧？许多人为何不认为书中对群体的负面
描述是对自我的一种冒犯？原因在于，许多人只会基于自身单一身
份的利益考量而发表观点。

当人们在以读者的身份阅读一本书时，其所考虑的是如何将书
中的观点转化为自身的储备，或是用于自我提升，或是用于在社交
场合中展示。在这个过程中，身为读者的人们拘泥于读者这个单一
的身份，很难将书中对群体的负面定义套用到自己身上。

社会中的每个人，并不是以单一身份生活的。一个人既可能扮
演着父母的角色，同时也在扮演着员工、老板、妻子、丈夫、供给
者、消费者等多种身份。这也就意味着，如果一个人秉持单一身份
的利益角度进行思考或发表观点，自然也就无法摆脱局限性。

这种以单一身份的利益角度进行思考或发表观点的行为并不少
见，且时常自相矛盾。

> 当人们去购物消费时，总是希望商品越便宜越好；当
> 人们在销售商品时，又希望商品越贵越好。
>
> 当人们开车在道路上行驶时，会希望自行车越少越
> 好；当人们在道路上骑行时，又希望汽车越少越好。

基于单一身份所进行的利益考量与观点表达，经常表现出自相
矛盾的一面。正如法国革命赶走了国王之后，却又出现了雅各宾专
政。或许古斯塔夫·勒庞正是看到了这荒诞古怪的一幕，才会将群
体进行负面的定义。

人们基于单一身份而进行利益考量与表达观点，不仅使自身的观点不具备连续性与协调性，还阻挡了人们与他人共情。那些时常自相矛盾的观点，在与他人进行互动时，自然会引发种种冲突。

如果大众愿意以多重身份的角度来与他人进行互动，自然也就能够体谅他人的苦衷，这种共情能力显然能够减少冲突的可能性。从一定程度上来说，正是个体基于单一身份的考量，往往使群体之间难以达成观点的一致性，只能在不断地调和之中做出妥协的决策，而这种决策通常是无效的。

许多人的思维逻辑局限于自我，受眼前利益的迷惑，所进行的思考与发表的观点过于浅薄，从而出现"单一身份谬误"。之所以会出现这种问题，源于许多人在思考分析的过程中，采取了错误的逻辑顺序，只考虑到了自身的层级，而无法建立起多元身份认同。

想要建立多元身份认同，则需要将思考逻辑顺序调整为由点到面。

层级1：宏观角度

这件事的参与者有哪些？存在哪些不同的立场？

层级2：局部角度

参与者的立场是否存在冲突？是什么造成了这些冲突？

层级3：微观角度

我的立场是什么？我的立场是否会影响到其他人？我

的立场有助于建立更好的局部与宏观环境吗?

只有调整思维逻辑顺序，才能将视角从局限性中挣脱。使用更具有深度与广度的思维模式，才能建立起多元身份认同。

◈ 要点速览

1. 许多人对大众、群体进行了负面的定义，认为其内充斥着愚蠢、蒙昧，是一种低级的发展过渡形式，更是一种注定要被淘汰的现代群众结构。

2. 基于单一身份所进行的利益考量与观点表达，经常表现出自相矛盾的一面。

3. 正是个体基于单一身份的考量，往往使群体之间难以达成观点的一致性，只能在不断地调和之中做出妥协的决策。

第四章

职场突破：拨开职场迷雾

1 | 功利谬误：功利至上并非成功的必要条件

伴随着马基雅弗利主义对社会各个领域、层级、环节的渗透，越来越多的人习惯强调极度的实用主义，将道德准则抛于脑后，以操纵与欺骗来为自己获取的实际利益。因此，我们可以看到，社会中开始出现"重要的是结果而不是过程"的论调，并称只要能赚取到利益，哪怕是使用不光彩的手段也无可厚非。

这种源自对自我辩解与开脱的可笑论调，如今却被越来越多的人采纳，并奉为指导性的社会行为策略。

· · ·

马基雅弗利主义所表现出的功利心，在很长一段时间都被我们所鄙夷与排斥。但随着社会商品供应越发充足，越来越多的人为了谋取到更多的利益，开始对这种功利心产生认同感，并开始在生活中应用。

这并不意味着我们的道德标准正在下降。因为许多秉承马基雅弗利主义标准行事的人，会在内心深处认为，等自己赚取到足够多的利益，必然会选择回报社会。但可惜的是，他们并不会真正地回报社会，这并不是因为他们言而无信，而是因为一个秉承马基雅弗利主义的人，其获得成功的可能性本就不高。

在职场中，无论是企业与企业之间，还是员工与员工之间，都在通过协作来实现利益的最大化。这种协作关系并不是短暂的，而是只要同处一个集体之中，便会一直得以延续。

在这种情况下，如果一个人表现出强烈的功利心，时常以不光彩的手段来争夺利益，那么在第一次，或者第二次运用这种策略时，确实可能会如愿以偿。但是这种行为必然会导致他人的厌恶与警惕，很容易导致其无法获得足够长远的利益。

在职场中，有不少人会表现出这种功利至上的行为模式。

公司召开会议时，团队连续多天努力所做出的工作成果，却被其中一位并没有什么贡献的成员大包大揽到自己的身上。在这位大包大揽的员工看来，自己的手段虽然不甚光彩，但同事并不会在现场发难，自己获得上级管理者的青睐得以升职后，即使这些同事们再不满，也不会对自己造成什么影响。

但现实显然不会如他预想那般发展，我们可以将同事对他的厌恶看作一种人际关系上的损失，而他希望用上级管理者的青睐来弥补损失则是无稽之谈，因为上级管理者不仅不会青睐他，反而会将其看作团队的破坏者，给予他负面的印象与认定。

功利至上并不会为一个人带来长远的利益，更无法使一个人获得成功。这种将自身无法成功归咎于不够功利的思维模式，便是所谓的"功利谬误"。

我们能够在社会中听到许多不同的观点，其中有些观点也会在某些阶段被许多人关注，但这并不意味着这种观点便是正确的。许多时候，我们由于可获取的信息不足，从而无法对支撑观点的论据进行验证，因此只能捕捉到观点的表象。

一种观点往往是具有其内在意图的，许多人之所以会出现功利谬误，便是因为受到观点表象的影响，错误地将不择手段、唯利至上的行为策略看作是成功的必要条件，认为自己只有这样，才能获得如他人般的成功。

我们都知道，必要条件的成立，意味着某种结果必然需要某个条件的存在才能实现。也就是说，在功利谬误的思维模式中，一个人必须具备极致的功利心，只有不断地损人利己才能获得成功。

但这显然是一种错误的观点。我们通过模糊的"身边统计学"进行挖掘便会发现，身边的许多成功者并没有表现出损人利己的行为策略。因此，极致的功利心，并不是成功的必要条件。

许多时候，将自己所面临的困境归咎于不够功利，从而获得道德感的提升，有助于缓解认知冲突。但将极致的功利心作为自己的行为策略，则百害而无一利。

◈ 要点速览

1.因为许多秉承马基雅弗利主义标准行事的人，会在内心深处认为，等自己赚取到足够多的利益，必然会选择回报社会。

2.这种行为必然会导致他人的厌恶与警惕，很容易导致其无法获得足够长远的利益。

3.许多时候，我们由于可获取的信息不足，从而无法对支撑观点的论据进行验证，因此只能捕捉到观点的表象。

2 | 零和谬误：你得到的，就是我失去的

身处战场之中的双方，需要以命相搏才能赢取一线生机，因此人们通常会用"修罗场"来描述战场的惨烈。但在近些年，"修罗场"却不仅仅局限于对战场的描述，有些人开始用这个词来描述职场。

职场似乎正成为某些人的梦魇，他们每天需要像在战场上一般"以命相搏"，才能获取到其所需的种种资源。

• • •

我们虽然生而自由，却并不能完全主导我们的人生与行为，好比我们不得不通过工作来获取生活的必需品，因此我们只能获得有限的自由。这种对无限自由的渴望与有限自由的现实之间的冲突，使某些人开始对职场做出负面定义。更为重要的是，职场对某些人来说是充满痛苦与焦虑的地方，因为其中掺杂的竞争、谋划、心机等，每时每刻都在挑动着他们的负面情绪。

职场是一个协作场景，与生活中许许多多的协作场景并无二致。但为何在其他的协作场景中，人们可以和谐共处、通力协

作，而在职场之中，却要采用竞争、谋划、心机等方式对协作进行破坏呢？

显然，在家庭聚餐中，很少有人会故意将他人精心准备的菜肴破坏掉，以凸显自己的手艺；在拔河比赛中，更不会有人故意将队友绊倒，从而使自己获得更多的表现机会。但是为何在职场中，却有人会破坏他人成果，从而使自己得以表现呢？

原因在于，有些人错误地将职场看作是一种零和博弈场景，认为对于一个部门、一个企业来说，其拥有的资源总量是固定的，他人的得到，便是自己的失去。因此，某些人摒弃道德约束，将职场看作"修罗场"，拼尽全力地为自己谋取利益。

对于许多企业的管理者来说，他们乐于见到员工之间采取种种方式争夺关注度与话语权，并将其看作是一种有助于企业发展的动力。也有一些管理者会有意引起员工间的竞争，以期促进企业的发展。

但职场之中，他人的得到并不意味着自身的失去。说到底，这不过是受时代局限性影响而产生的"零和谬误"罢了。

在以往，由于交通、物流、宣发渠道的影响，一个企业的规模往往被其所处的地区、行业所限制，企业在经过短暂的发展阶段后，便会很快陷入无法打破的停滞期，最终步入螺旋下降通道。

因此，在企业进入停滞期后，管理者管理员工的最优策略，便是采取零和博弈的方式，让员工觉得，只有尽可能多地占有与瓜分企业现有资源，才能实现自身的利益最大化。而对这种行为策略的应用，被逐渐演变为一种职场文化并流传开来。

如今，随着交通、物流、互联网体系的兴建与发展，使企业摆脱了地域、行业限制。理论上一个企业拥有无限的成长可能性，其很难达到自身的成长上限，成为能够触摸到行业天花板的存在。但受文化惯性与零和谬误的影响，许多企业的员工与管理者依然认定职场仍是零和博弈场景，依然遵循旧的行为策略，最终导致其在不必要的竞争中不断竞争。

如今的社会，早已不再是零和博弈的环境，虽然企业还有着资源总量的限制，但大多数企业并没有触摸到资源总量的天花板，其仍旧可以通过内部的组织结构调整与效率提升获取到更多的资源总量。但许多企业的管理者与员工陷在零和谬误中无法自拔，意识不到零和博弈中存在"帕累托优化"，更意识不到社会已处于正和博弈阶段。

时代导向的博弈变化

零和博弈	负和博弈	正和博弈
一方获利而另一方损失，且一方所得正是另一方所失。	一方的收益小于另一方的损失致使资源总量下降。	博弈双方利益均有所增加，或是至少一方利益增加，使得资源总量增加。

对于部门、企业来说，如今的最优行为策略，已不再是零和博弈，而是正和博弈，我们所关注与争取的并不应该是存量，而是增量。存量是对现存利益的争夺，必然会导致职场之中存在种种不光

彩的手段，但这种手段并不会使人快乐，因为每一份利益的获得，必然会伴随道德感带来的自我谴责。真正令人快乐的是增量，是通过和谐共处、通力协作所带来的资源总量增长，在这种环境下，谁又能说职场是一个"修罗场"呢？

◈ 要点速览

1.我们不得不通过工作来获取生活的必需品，因此我们只能获得有限的自由。

2.遵循旧的行为策略，最终导致其在不必要的竞争中不断竞争。

3.我们所关注与争取的并不应该是存量，而是增量。

3 | 权威恐惧：他会不会伤害我？

每个人所受的教育、生长的环境各不相同，对个体而言，社会中很难出现绝对的平等。因此，人们只能追求相对的平等。而随着社会思想哲学的进步，平等这一终极社会理想，离我们不再遥远。平等意味着人与人虽然在分工协作上有所不同，但并不存在地位上的差别，每个人都具有相等的地位，也就没有谁需要成为谁的附庸。

• • •

相较于整个人类的历史长度，"平等"仍是一个较为新鲜的词汇。无论是氏族社会，还是君主社会，都不具备"平等"这个词的生存土壤。正所谓"破山中贼易，破心中贼难"，"平等"这个词虽然在许多当代人的心中生根发芽，但仍然未能贯穿到其全部行为之中，我们在与他人交往、互动的过程中，心中仍然难以做到真正的平等相待。

虽然我们愿意与自己的孩子以平等的地位相处，但在实际相处过程中，我们有时仍旧会端起父母的架子，不容置疑地强制要求孩子遵循我们的指示。虽然可以说，这种强制性的要求是因为孩子的心智尚不成熟，无法做出正确的决策。但实际上，这种不容置疑的强制要求，是因为我们认为自己有着比孩子更高的家庭地位，自然也就存在决策上的权威性。

但我们并不会一直扮演权威者的角色。相反，只要我们的思维中存在人与人地位的差异化，那么我们便不可避免地出现"权威恐惧"的特质。所谓权威恐惧，指的便是在面对社会中的权威人士时，会无法控制地产生紧张乃至恐惧的感受。

这种权威恐惧的表现，广泛存在于大众之中，并被许多人误认为是一种正常的现象。

身为一家公司的总经理，在进入公司时理应是惬意且放松的。但当总经理踏入公司的那一刻，便连忙加快了脚步，他匆匆地在员工身边走过，似乎身后有什么东西在追赶他一般。总经理不敢放慢自己的步伐，因为一旦停下脚步，身后那尴尬的氛围便会瞬间将其围绕。

曾经的他并不是这样，每天踏入公司电梯的他，希望能在电梯中与员工聊一聊，希望能获取到一些被自己所忽视的信息。但每当他踏入电梯，员工们便避之不及般通通蜷缩到角落之中，聚焦于他身后的目光，让他倍感尴尬，他如员工一样，只希望电梯尽快停靠。

　　员工并不希望与总经理在同一台电梯之中，因为总经理所代表的企业权威使他们产生恐惧，他们尽力地蜷缩起身形，在电梯上升期间，默默地祷告着总经理不要提出任何问题。而这种恐惧，并不仅仅是遇到总经理的那一刻才会出现，哪怕遇到的是自己的部门经理，乃至部门主管，都会令员工恐惧不已。

　　相信我们大多数人都曾体会过这种恐惧感。那么，我们到底在恐惧什么呢？显然，我们并不是在恐惧自身工作中可能存在的问题，我们所恐惧的是地位赋予对方的权威。

　　当我们在思维中认为自己与对方在地位上具有差异性时，我们就已经陷入由于地位差异所产生的权威恐惧之中了。我们在与那些具有权威的角色相处时，总是会不由自主地产生恐惧，担忧自己遭到责罚。

　　为何我们与那些具有权威的角色相处时会产生恐惧呢？究其原因在于，我们在成长的过程中，都曾体会过权威角色所运用的"合法伤害权"。我们在孩童时期，不能拥有自己的意见与看法，因为表达意见与看法时很可能会遭到来自父母的无视与呵斥。

　　如果说我们在成年后面对来自同事、领导的无视与呵斥时尚能选择反击，那么在孩童时期，我们是不具备反击能力的。因此，哪怕父母的行为对我们造成了严重的心理伤害，我们也无法进行任何反抗。父母这一权威角色，在孩童时期的我们看来，是具有"合法伤害权"的。因此，我们要小心翼翼地说话，避免惹怒父母。

　　这种来源于父母的权威恐惧，并没有因为我们的年龄增长而消失。相反，我们将权威恐惧投射到了任何扮演我们评价者的角色身上，从而使我们在学校时惧怕老师、在企业里惧怕领导、在讲台上惧怕观众。这种惧怕，无疑会使我们在生活中倍感焦虑与疲惫。

但实际上，人人生而平等，我们所担忧的来自权威评价者的"合法伤害权"，本就是无稽之谈。成年后的我们无须依附于任何人，也可以获得生存与成功的可能。

◈ 要点速览

1.平等意味着人与人虽然在分工协作上有所不同，但并不存在地位上的差别。

2.显然，我们并不是在恐惧自身工作中可能存在的问题，我们所恐惧的是地位赋予对方的权威。

3.我们在成长的过程中，都曾体会过权威角色所运用的"合法伤害权"。

4 | 同侪压力：以己之短，攻人之长

在我们踏入社会之前，我们的交际圈如同"物以类聚，人以群分"所形容的那般，圈子里大多是与我们性格、喜好相近的人。在那时，我们尚未受到功利的浸染而产生分别心。因此，我们与他人在友谊建立后的相处过程中，并不会感受到来自同伴的压力。

但自从我们步入学校这个微型社会之后，一直到我们长大成人进入职场之中，压力会一直伴随我们前行。

• • •

在任何以结果作为导向和评价标准的环境里，我们都会在与他人比较的过程中，产生"同侪压力"。同侪压力在许多时候并不会对我们产生负面的影响，也可以说，它存在的意义是帮助我们进步。

我们在学校时与要好的玩伴一同学习，如果玩伴在学习上表现出色，那么我们多半也会受到积极影响，在学习上倾注更多的精力。在职场中亦是如此，一名出色的同

事，不仅可以帮助我们推进整体项目，也可以在潜移默化中影响我们的思维方式，使我们变得更加优秀。

虽然压力会使我们感到紧张，但适当的压力却可以让我们在紧张的同时迸发出更多动力。但是，压力本身并不乖巧，它并不会主动地调节自身。因此，我们在步入职场之后，很容易因为不适应压力的突然增加，而产生各种不合理的反应。

职场内，虽然人与人处于协作关系之中，但由于企业内部可供分配的资源本身具有稀缺性，以及稀缺资源分配的不可预知性，使人与人之间会存在一定的警惕心理，人们会通过时刻关注他人的表现、状态，来评估自身的竞争力。

在这种状态之中，我们不仅会因他人某一方面出色的能力而感到持续性的压力，同时也会因他人某一次出色的表现而感到瞬时性的压力。因此，在步入职场之后，我们时刻处于难以负荷的压力之下，而这种压力水平显然不会为我们带来动力。

在我们与年龄、地位和自己相似的同事进行比较，并得出其在某一方面比我们更优秀的结论时，我们便会产生同侪压力。这种压力水平的持续升高，不仅会使我们陷入自卑之中，同时也会使我们陷入嫉妒之中。

如果说自卑是一种自我惩罚，那么嫉妒则往往会使我们产生攻击性。

莎士比亚将嫉妒比作"绿眼的妖魔"，人们一旦陷入嫉妒之中，思维便很容易失控，这种失控延伸至行为之中时，将直接导致我们的行为扭曲，开始在同侪之间进行恶性竞争，从而成为被"妖魔"所玩弄的牺牲品。

在职场中，我们可以看到许多这样的人。他们自身的成长已经陷入停滞，却时常不满于别人的优秀，每当别人有出色的表现时，便会触及他们的"逆鳞"。他们或是当面嘲讽，或是背后中伤，试图用恶毒的语言来否定别人的出色，但最终不过是使自己活得像个跳梁小丑罢了。

同侪压力很容易使我们在过高的压力水平下产生对他人的嫉妒，从而使我们在行为上表现出攻击性，在思维中表现出停滞性。但压力本身是客观存在的，无论我们处在何种环境之中、处于怎样的生存状态之下，我们都会感受到压力。因此，我们所能做的，并不是让压力消失，而是尽可能地降低我们的压力水平。

> 作为一名销售与他人比较管理能力；作为一名人事与他人比较销售能力。

我们必须认清一个现实，由于每个人的发展方向与性格特质不同，其能力发展的侧重点必然会存在差异性。但在进行比较时，许多人却"以己之短，攻人之长"，用自己的弱势能力去对比他人的强势能力。这必然会产生自惭形秽的感觉，从而提升我们的压力水平。

因此，我们需要在比较过程中，调整思维方式，用自己的强势能力去与同类型强势能力进行对比，才能具备可比性。我们需要将关注点放在自己的强势能力上，并与同样具有这些强势能力的人进行比较。这样不仅可以更准确地评估自己的水平，还能从中找到提升的空间，并且降低压力水平。

◈ 要点速览

1.在任何以结果作为导向和评价标准的环境里，我们都会在与他人比较的过程中，产生"同侪压力"。

2.这种压力水平的持续升高，不仅会使我们陷入自卑之中，同时也会使我们陷入嫉妒之中。

3.我们所能做的，并不是让压力消失，而是尽可能地降低我们的压力水平。

5 | 自我服务：我没错，都是你们的错

对自身的行为与行为发生时所处的情境进行思考，能够让我们产生自我感知，而对自身情绪、情感与内心状态的捕捉与揣摩，便是我们进行自我评价的重要基础。虽然我们都具有自我感知的能力，但因为某些因素的影响，我们的感知过程远远称不上客观，甚至于在许多时候，我们的自我感知被转变成了"自我服务"。

有时我们对自我感知的目的不是为了促进自我提升，而是为自己的行为找到一个辩护角度。

• • •

如果说人类发展出自我感知能力的目的，是为了应对复杂人际关系中所充斥着的冲突，并帮助我们在高压竞争环境中具有自我更新的可能，那么为了这种能力而要付出的代价，则是自我感知所带来的情绪内耗。

一个人如何能高效地获得快乐呢？最为简单的方法，便是什么都不懂、什么都不问、什么都不想，从而保持一种孩童般的单纯。

但是，这种单纯的快乐是需要以丧失社会生存能力为代价的。

每个人想要在社会中生存，都需要自我感知能力，需要进行深层次的思考。一个人通过深层次思考对自我进行感知，则必然会发现自己行为中的不当之处。这些不当之处或是让人尴尬，或是让人羞愧，而最终都无一例外地成为困扰我们的焦虑。

没有人喜欢沉浸于焦虑之中，但我们又不想放弃自我感知能力，因此我们逐渐习得了另一种能够帮助我们缓解感知焦虑的方法，便是在思维的过程中引入自我服务。

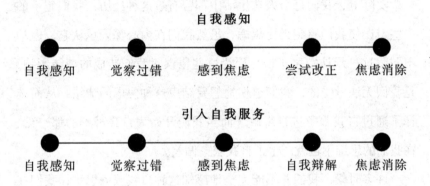

当我们在自我感知的过程中，意识到自己的行为存在不妥之处，抑或意识到自己犯下了错误，从而感到焦虑时，最优的思维策略便是尝试改正自己所犯下的错误。这既可以弥补自身的不足之处，也可以使类似的错误在未来不会再次出现。但是这种最优的思维策略实现起来并不简单，因为这不仅会降低我们对自我的评价，同时还需要我们在承受焦虑的同时做出改变。

因此，大多数情况下，我们选取了一种能够更快消除焦虑的方法，那便是在感到焦虑时，通过自我服务的思维形式，对自我进行辩解，为自己的行为找到合理之处，或者将问题归因到他人、环境等原因之上。这种思维方式虽然可以使我们更好地应对挫折，但过度地使用却会使我们的思维产生偏差。

社会之中有一种现象，有些人在犯下错误后，并不愿意承认自己的错误，反而将这些错误归咎于他人。在许多人看来这是没有担当的表现。对此，有人认为，他们或许并非不愿承担错误，而是强烈的羞耻心使他们不敢承担自己的错误，因为错误对他们情绪造成的负面影响，是他们所无法承受的。

实际上，我们每个人在生活中都曾有过这种经历：我们犯下的一些错误使我们感到无比焦虑，虽然我们在内心深处承认它，但却不敢将这种承认宣之于口。因为这些错误对我们造成的情绪影响，是我们无法承受的，我们迫切地想要结束这种焦虑的情绪，从而选择了通过自我服务进行辩解，而当我们开始为自我辩解的那一刻，在我们的思维中也就产生了自我服务偏差。

许多时候，我们并不能完全地感知这种自我服务思维，我们在遇到问题时，已经习惯于运用自我服务，从而使我们的许多思考结果出现了偏差。当我们在工作中不小心犯下错误时，我们很容易出现这种自我服务思维，我们将错误的原因归咎为同事配合的不当，抑或企业流程存在问题，又或者是工作负担太重导致的疏忽。自我服务偏差导致的责任推诿，让我们失去了改变的可能，也让我们陷入了负面的评价之中。

我们的自我感知能够意识到自身的错误，而我们却不愿意承认这种错误，根本原因在于我们的自我效能感不足，从而使我们不愿进行理性客观的思考。我们不愿且无法接受那些可能会引起自我评价下降的事物，因为这样会让我们认为自己不够好。

◈ 要点速览

1.在许多时候，我们的自我感知被转变成了"自我服务"。

2.感到焦虑时，最优的思维策略便是尝试改正自己所犯下的错误。这既可以弥补自身的不足之处，也可以使类似的错误在未来不会再次出现。

3.我们不愿且无法接受那些可能会引起自我评价下降的事物，因为这样会让我们认为自己不够好。

6 | 零散叙事：人生故事，到底该怎么讲？

我们如何才能讲出一个好的故事呢？或许我们在心中需要先设定一个明确的结局，在通往结局的过程中，用无数鲜活的角色上演种种矛盾与冲突，并在故事中有意埋藏下一些细微的线索，达到"一饮一啄，莫非前定"的戏剧性效果。

只要作者能够在碎片化的叙事空间中极尽巧思，哪怕是不符合我们阅读习惯的"零散叙事"模式，也能如《堂吉诃德》般使无数读者为之着迷。

· · ·

我们的人生，可以说是由一个又一个不同的故事组成的，但专属于我们的故事却无法如零散叙事模式般出现倒序与闪回。因此，我们不得不尽可能地确保决策的正确性，使自己不必品尝悔恨的苦果。

许多时候，我们无法做出正确的决策，只因情绪在不断地影响着我们的思考过程，使我们的决策先于思考，在我们尚未完成思考的时候，便做出了决策。由此产生了一个比较可怕的结果——我们或许已经失去了讲好一个连贯故事的能力。

在这个充满变化的时代，时间被分割为无数细小的碎片，我们需要在碎片化的时间中处理更多的信息、进行更多的决策。我们已很难再抽出大块的时间进行细致且深入的思考，我们的思维必须具备在多个互不关联的信息中进行切换与决策的能力，才能够应对多变的环境。

所幸的是，我们的思维并没有与时代脱轨因为我们掌握了在碎片化的时间中通过跳跃性思维处理信息的能力，但同时我们也失去了长时间聚焦于一件事物的能力。

如果我们观察一个人每天的生活轨迹便会发现，"切换"成了人们的主要行为。人们在工作中需要快速切换不同的工作模块，运用不同的工作技能；在生活中需要切换不同的角色，适应不同角色的要求。哪怕是在放松时，人们也在不断地切换着手机屏幕中所播放的视频。回顾自己忙碌的一天，似乎做了许多事，但细细想来又似乎什么事都没有做。

碎片化的生活改变了我们的思维模式，让我们的思维失去了连贯性，开始习惯于用零散叙事的方式对发生在我们生活中的事情进行解释与思考。比如，我们看到同事升职时，便会猜疑他是因为"迎合上级""运气好""能力突出"才能升职，却没有去连续性地思考这位同事的工作轨迹与表现，以细致缜密的方式思考轨迹之间的连接点，因此也就无法拼凑出事情的真相。

碎片化生活模式使我们的思维失去了连贯性，从而将复杂的事物简单化，美其名曰"找到了本质"，实质上却是一种深度思维能力不足的表现。

碎片化的生活模式使我们失去了深度思维的能力，我们的思维以跳跃的方式穿插于各个事件之中，只是短暂停留一下便将其抛于脑后。但这既是一种风险也是一次机遇，因为被碎片化充斥的当下，对碎片化的抵御，为我们提供了走向成功的机遇。

如何抵御碎片化，这显然是一个宏大的命题。我们可以以对自身思维模式的优化作为切入点，通过固定的思维模式来锻炼我们的思维连贯性。当我们将这种思维模式应用于关键的事物之中，并逐渐将其内化为一种思维惯性后，我们也就获得了更强的社会竞争力。

做好环境准备：将自己置身于一个安静、不被打扰的环境中，将手机调至静音。

固定思维目标：选择一项具有深度的思维目标，然后紧紧围绕这个目标展开思考。

绘制思考过程：将思考的过程记录到纸张之上，确保任何细微的想法都会被记录。

区分思考内容：将想法归类，判断哪些是影响事物的关键思考，哪些是细枝末节的无效思考。

判断因果关系：对事物的关键点进行连接，判断其中的因果关系与逻辑顺序。

总结复盘记录：总结影响事物发展的关键点并将其记录到纸张之上，然后分析判断这个事物是否需要更多的信息。

通过对思维进行有意识的连贯性训练，不仅可以抵抗碎片化对思维能力的影响，还可以帮助我们认清一件事物。当我们将这种训练内化为一种思维惯性时，我们也就能够写好我们的人生故事了。

◈ 要点速览

1.我们或许已经失去了讲好一个连贯故事的能力。

2.回顾自己忙碌的一天，似乎做了许多事，但细细想来又似乎什么事都没有做。

3.碎片化充斥的当下，对碎片化的抵御，为我们提供了走向成功的机遇。

7 | 鞭打快牛：能者多劳，但能者不一定多得

在生活中我们都愿意与优秀的人为伍，因为这不仅可以使我们汲取到成长所需的养分，还可以在我们面临重重阻碍时，得到我们所需要的帮助。同时，与优秀的人相处，本身更是一件轻松惬意的事情。

可以说，我们在希望与优秀的人同行的同时，我们自己也在努力变得优秀。但是，成为一名优秀的人，不仅需要拥有成长过程中所必需的忍耐，克服难以坚持的缺点，还要面对因优秀所带来的烦恼。

· · ·

谈及优秀带来的烦恼，许多人或许认为，优秀的人往往会遭到妒忌，需要面对人际关系中的冲突，因而才会有烦恼。但实际上，这种现象或许会存在，但是主动选择社交对象，本就是优秀的人必须具备的思维素养，因此这种烦恼注定是暂时性的。

其实，真正令优秀的人感到烦恼的事情，是人们思维中普遍存在的能者多劳思想。能者多劳本没有错，一个优秀的人本就需要去

承担更具有挑战性的工作，但人们在谈及能者多劳时，往往忽略了能者多劳的前提条件是多劳者多得。

我们无法用收入或财富的多少来评判一个人优秀与否，虽然优秀会影响到一个人的收入或财富，但两者之间并不存在必然的因果关系。如果我们将观察的尺度拉进一个小的团体或一个小的企业之中，便可以清楚地发现，一个团体或企业中最为优秀的人并不一定能获取到最高的收入，但此时其承担的工作难度与强度却是最高的。由此可见，拥有解决问题的能力，反而成了他的一种负担。

企业的发展离不开对新领域的开拓，但开拓一个新领域，对企业来说也是一件充满风险的事情。因此，这种工作可以称得上是风险与机遇并存，而大多数情况下，风险是大于机遇的。

因此，对于企业内部来说，挑选一位合适的开拓者尤为重要，而在大多数情况下，这项工作都会被强制分配给企业内部足够优秀的人。但工作的分配不代表利益的分配，利益的分配或是具有滞后性，或是根本不在考虑的范围之内。

那么，对于被动接受这份工作的人来说，其不得不承受更多的工作量，却很难获得对等的回报，同时还需要承担开拓新领域所带来的风险。

优秀的员工就像是职场中的一头快牛一般，因为其工作效率突出而倍加劳累。但劳累所换来的却不是对等的回报，而是超量工作导致的风险。对于优秀的人来说，真正令他们烦恼的，恰恰是这种"鞭打快牛"的尴尬境地。

鞭打快牛不仅仅出现在职场之中，也出现在生活之中。不论是情侣还是朋友之间，一个具有出色能力的人往往需要承担更多的任务，而这些任务在很难为其带来更多利益的同时，还可能给他带来指责。

如果我们在生活中也是一个足够出色的人，在面对这种鞭打快牛的烦恼时，又该如何应对呢？显然，想要去改变他人、改变环境，是一件很难实现的事情。我们能够做的，只有改变自身的思维模式，珍惜自己的思维资源，将自己从一名"救火队员"的角色中解脱出来，成为一个具有一锤定音能力的角色。

过多的任务、过多的职责分散了我们的效率，哪怕我们有着极为出色的工作能力，也无法面对过于庞大的任务量。因此，我们需要尽可能地调整我们思维中对任务的态度，在原则的约束下选择任务。

紧急性原则：我们优先选择接受那些具有紧迫性的任务，这些任务或是由于超时会导致严重后果，或是正在对他人造成严重的负面影响。

重要性原则：对企业、部门具有重要影响，是许多人所关注的任务。

利他性原则：是他人所面临的重要问题，施加帮助可以收获他人的感激的任务。

通过对思维模式的修正，进行有原则性的任务筛选，可以使我们真正聚焦于那些重要的事情之中，防止自身思维能力被无关紧要的任务所消耗，在能者多劳中实现多劳者多得。

◈ 要点速览

1. 人们在谈及能者多劳时，往往忽略了能者多劳的前提条件是多劳者多得。

2. 对于优秀的人来说，真正令他们烦恼的，恰恰是这种"鞭打快牛"的尴尬境地。

3. 我们能够做的，只有改变自身的思维模式，珍惜自己的思维资源。

8 | 不作为偏误：什么都不做，也就什么都不会错

　　我们每个人都希望能够有一番作为，或是以一己之力救企业于水火之中，或是成为企业之中举足轻重的人物，从而获得自己梦寐以求的财富。我们期盼着这一天的到来，也期盼着自己一鸣惊人那天的到来。

　　可惜的是，这一天并没有到来，或者更为准确的说法是，这一天每天都在到来，但我们每一天都在错过。

• • •

　　我们一直在盼望着机会，也一直在错过着机会。我们如好龙的叶公一般，每天期盼着机会的来临，但当机会真正来临的那一刻，我们却出于担忧、恐惧而对其敬而远之。原因在于，我们每个人都能看到机会背后所隐藏的风险，这表明我们期盼机会的热情不及我们对风险的恐惧。

　　想要把握住一个机会，则需要我们将风险归于自身。在职场之中，每时每刻都存在各种机会，但相比起机会的诱惑，我们更加关注风险的可怕。许多时候，我们已经感知到了机会的临近，但正是

出于对风险的关注，使我们选择了保守的行为策略，没有对机会进行追逐。

在一场会议之中，我们作为参会者听取公司发展计划宣讲。出自岗位的敏感性，我们很快意识到公司发展计划中存在致命的漏洞，这不仅会使整个计划失去可实现性，还会使企业在这个计划中的投入全部付诸东流。

这似乎是一个机会，此时的我们只需要站起来，将自己的发现以专业的角度与数据进行配合，就完全可以实现我们梦寐以求的"一鸣惊人"。我们会抓住这个机会吗？很多时候，我们应该抓住这个机会，却并没有抓住它。

因为我们在担忧，担忧自己的看法存在偏差，担忧自己的发言会让计划的撰写团队感到不满，更担忧自己的看法得不到采纳，反而会遭到他人的嘲笑。因此，我们选择了沉默，这种沉默让我们感到安心。

这种安心或许并不会持续太久。当随着计划的逐步实施，我们的观点得到了印证，计划确实如我们所预料那般存在漏洞，企业的损失难以计量时，我们的安心将快速转化为一种悔恨。我们告诉自己，下一次遇到机会时，一定要勇于表达，但当下一次机会真正来临时，我们又会再次选择沉默。

在无论行动还是放弃都有可能给我们自身带来损害的情况下，我们大多会选择放弃。我们选择保持沉默，不对现状做出任何影响与改变。因为机会所带来的正面收益是无法确定的，而可能造成的损害却是能够预料的。因此，在这种情况下，放弃行动似乎意味着更小的损失，但放弃行动则意味着我们失去了把握住机会的可能。这种出于自我保护心理所进行的"不作为偏误"，还会对我们的逻辑思维模式造成影响，使我们在面临决策时习惯性地选择放弃，这无疑会造成严重的后果。

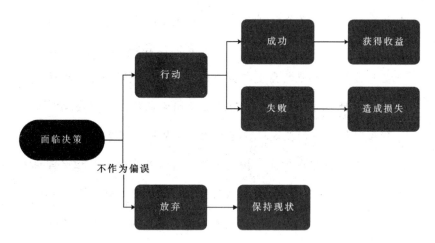

我们常说趋利避害，似乎对利益的追逐是我们的第一本能，但实际上，相较于利益，我们更加关注损失。这也是为何在职场中，我们可以看到许多受尽了不公平待遇的员工，依然不愿选择辞职，因为相较于辞职后获得更好工作环境的利益，人们往往更加关注辞职后可能无法找到更好工作的损失。

实际上，我们每个人内心深处都能够意识到对现状持放任态度的不作为偏误是一种错误的思维策略。我们也尝试对其进行改正，告诉自己要勇于表达，要敢于发表自己的观点，但这种自我激励似乎并没有起到很好的作用，我们很难从不作为偏误中跳脱出来。

其实，造就这一问题的根本原因在于，我们对未知的事物过早地进行了准确的定义。无论是机会所带来的收益，还是风险所带来的损失，在其未发生之前，都处于不确定的状态，正如"薛定谔的猫"一般，处于发生与不发生的叠加状态，只有当我们对其展开行动，才能验证它的真实状态。

想得太多而做得太少，是当下许多人所面临的问题。许多时候，我们需要的是在想法与行动之间找到平衡点。

◇ 要点速览

1. 机会每天都在到来，但我们每一天都在错过。

2. 我们告诉自己，下一次遇到机会时，一定要勇于表达，但当下一次机会真正来临时，我们又会再次选择沉默。

3. 在无论行动还是放弃都有可能给我们自身带来损害的情况下，我们大多会选择放弃。

第五章

人生纾困：突破人生边界

1 | 诉诸传统：老祖宗留下的东西，还不够大？

一个文明在不同阶段所产生的价值观，并不会随着时间而完全消失，文明的传承使许多价值观具象为"器物""行为""规则"得以流传。通过对传统文化的解读，使我们能够在知道自己从何而来的同时，探寻到文明到底秉持着怎样的信念在一步步地前行。

同时，在文明的传承过程中，需要不断地通过"新陈代谢"对传统中的糟粕部分进行舍弃，对精华部分进行发扬，从而使文明得以更好地延续下去。

• • •

任何一种传统的背后都有着无数拥趸。这意味着，许多传统哪怕本身已失去在当下时代的适用性，理应被文明所"代谢"，但由于其众多拥趸的存在，使其仍会在当下的时代不断被应用。

在日常生活中，我们经常可以看到这种现象：有些人将一些对个体的约束行为，美化为一种"传统""文化"，从而强迫性地要求个体进行服从。这种暗含道德绑架的行为约束方式，出现在生活的各个环节之中。

酒桌文化： 强制要求他人饮酒，并认为一个成年人必须学会且愿意饮酒。

服从文化： 长辈说的任何话都是对的，哪怕是错的，后辈也需要完全服从。

共识文化： 团体中的人必须对事物有着统一认识，不允许异见与多样性的存在。

实际上，这些披着"传统"与"文化"外衣，内里却要求个体表现服从的话语，本质上不过是一种诡辩罢了。其核心逻辑为：既然是过去存在的东西，便是有价值的东西，因此如今应当存在，且将来也要存在。

但这种逻辑显然是站不住脚的。毕竟在文明的传承过程中，有着无数已经消亡的事物，哪怕被冠以"老祖宗留下的东西"，也无法撼动文明本身的"代谢"过程。可以说，这种"诉诸传统"的诡辩方式，在当下的社会中已完全无法站得住脚，虽然有些披着传统文化的糟粕尚未消亡，但已身处文明的"代谢"过程之中了。

我们可以轻易地识破这些话语中的诡辩，也可以轻易地意识到，许多披着"传统文化"外衣的糟粕，其本质不过是一场服从性测试。我们虽然没有成为这些糟粕的捍卫者，但在日常生活中，我们仍然受到这些糟粕的影响，使我们的思维逻辑在某些时刻也会陷入诉诸传统之中。

虽然我们没有捍卫酒桌文化、服从文化与共识文化，但是我们却依然受到这些糟粕的影响，在日常进行决策判断时产生误差。

在工作中，我们面对新的方案与想法时，会选择拒绝，并称："以前从来没有这么做过。"

在生活中，我们面对新的环境与挑战时，会选择拒绝，并称："以前从来没有尝试过。"

我们也在受到诉诸传统的影响，无非是这种传统并非来源于文化，而是来自我们自身的习惯。但我们与那些糟粕文化的捍卫者一样，在思维中都存在着同样的路径依赖，我们习惯于按照以往的方式去工作、生活，而不愿意做出新的尝试。

英国小说家道格拉斯·亚当斯提出科技三定律，在他看来，当新生的科技是在一个人 15 岁到 35 岁之间诞生的，那么这项科技会被此人看作是改变世界的产物；如果是在其 35 岁之后诞生的，那么这项科技则会被其看作是违反自然规律，理应遭到毁灭的。

有趣的是，这与罗曼·罗兰在《约翰·克利斯朵夫》中的观点不谋而合，在罗曼·罗兰看来，许多人不过是自己曾经的影子，以后的生命不过是用来模仿自己，在一天天的重复中越来越荒腔走板。

那么，我们的身上为何会出现这种现象呢？为何我们在步入中年后便停止了变化，开始一天又一天地模仿起自己了呢？原因在于，大多数中年人在社会之中已经得到了能够维持生存的能力，在这种时候，对中年人来说任何改变都是充满危机的。

毕竟，无论是社会还是自我的改变，都可能会影响到现有的生活环境，而每一次改变都意味着自己需要重新学习、总结、提炼，才能紧跟变化。但是中年人对新事物的学习能力自然是比不上年轻人的。

我们想要抵抗变化，因此在面对变化时，我们或是怒吼咆哮，或是视而不见，但无论我们采取怎样的方式去抵御变化，最终只会悔恨自己没有顺从变化。

◈ 要点速览

1.在文明的传承过程中，需要不断地通过"新陈代谢"对传统中的糟粕部分进行舍弃，对精华部分进行发扬，从而使文明得以更好地延续下去。

2.其核心逻辑为：既然是过去存在的东西，便是有价值的东西，因此如今应当存在，且将来也要存在。

3.无论我们采取怎样的方式去抵御变化，最终只会悔恨自己没有顺从变化。

2 | 后见之明：我早就预料到了

人类对探寻事物发展的前因后果有着特殊的偏好，人们需要通过这种探寻来对事物进行解释，才能了解到事物的发展过程，从而使自己的认知需求得到满足。认知需求得到满足后，我们就会产生掌控感，让我们不必担忧自己会因为对事物的认知不足而蒙受损失。

但是，对事物发展的前因后果进行探寻，需要耗费极大的精力，这也意味着，我们不可能对所有事物都了如指掌。

· · ·

认知需求促使我们去探寻事物发展的前因后果，从而对事物的发展过程进行解释。但事物本身的复杂性与多样性，注定与我们有限的精力形成冲突，这意味着我们在日常生活中，需要时刻面临那些来自我们掌控范围之外的事物的冲击。

当事物脱离我们的掌控时，则意味着我们不仅无法再通过掌控感来使自己获得安全感，同时还会对自我判断力产生怀疑，从而使自己陷入焦虑与烦躁之中。此时的人们，不得不在种种负面情绪与自我怀疑的状态下，处理由事物脱离掌控所导致的突发事件，这很可能导致连续性的决策错误。

出自认知需求而对事物进行掌控的情绪特质，来源于人类恶劣的生存环境。当时的人类只有弄清自己周遭正在发生什么，又导致了什么样的结果，才能使自身具备生存的可能性。但恶劣的生存环境也意味着物资的欠发达性，那时的人类虽然精力有限，但其所需要处理的信息量与物资充足的现代无法相提并论。

虽然这种近乎苛刻的认知需求在当下社会已经失去了合理性，但生物本身的情绪特质的改变仍需要很长的时间。所幸的是，在这个过程中，我们大多数人学会了对自己进行心理按摩。通过这种方法，能使自己不必陷入负面情绪之中。

这种心理按摩便是在回忆时，通过对自身判断的高估，实现"后见之明"。

当自己在卖出股票后，股票仍然上涨时，我们会说："我早就知道会继续涨。"

当别人的策划方案在执行时出现问题，我们会说："我早就知道这项工作会出错。"

当我们的朋友陷入情感困境时，我们又会说："我早就觉得那个人有问题。"

当超出我们掌控的情况发生后，我们便会在回忆时，为自己牵强附会地寻找借口，以此来证明自己早就预料到了这种结果。我们将超出预料的情况强制转化为一种自我选择，由此也就阻止了负面情绪的产生。

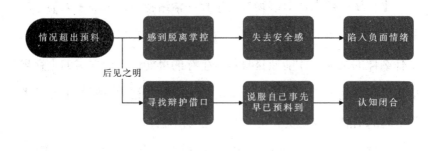

- - -

后见之明是一种有效的自我保护机制，可以使我们免受因判断失误而产生的负面情绪的影响。但同时它又会导致我们在判断时产生更多的偏差，使我们远离事物的真相，还可能使我们在对后续相似事件做出决策时维持错误的判断。

我们之所以会因后见之明产生认识偏差，不仅是为了满足我们认知闭合的需求，同时也是出自对责任的推诿。我们通过哄骗自己"早就预料到了"，达到自己不必为结果负责的目的，甚至会产生一种"众人皆醉我独醒"的优越感。

实际上，更为重要的是，后见之明偏差揭示出一种我们思维逻辑中普遍存在的问题：许多人的思考与判断是以结果作为导向的，我们很少关注思维过程，不去判断思考过程中是否存在问题、是否足够缜密，我们只关注最终的判断结果是否正确。

这种唯结果导向的判断标准，其准确性取决于我们的判断能力。但是，无论结果正确与否，其都无法提升我们的判断能力。

毕竟，判断正确时我们沾沾自喜，判断错误时，我们会运用后见之明来为自己辩解。

在结果导向的判断标准中，我们对思维逻辑的训练处于停滞状态。因此，想要不被后见之明产生的偏差所迷惑，则需要我们调整思维逻辑中对事物判断的导向标准，将结果导向转化为过程与结果的平衡导向。

◈ 要点速览

1. 对事物发展的前因后果进行探寻，需要耗费极大的精力，这也意味着，我们不可能对所有事物都了如指掌。

2. 当超出我们掌控的情况发生后，我们便会在回忆时，为自己牵强附会地寻找借口，以此来证明自己早就预料到了这种结果。

3. 我们通过哄骗自己"早就预料到了"，达到自己不必为结果负责的目的，甚至会产生一种"众人皆醉我独醒"的优越感。

3 | 鸵鸟悖论：只要假装看不到危机，危机就不会降临

人类为何能够站在食物链的顶端？这显然是一个复杂的问题，或许是人类学会了使用火，抑或人类学会了制造与使用工具。但简单来说，人类是在多种优势因素的集合下，得以站在食物链顶端。

相较于其他动物，人类有着种种优势，但在人类的众多优势之中，有一种关键优势往往被大众忽略。

• • •

世界上的大多数动物，都在本能的驱使下生存，虽然也懂得趋利避害，但对"利害"的分析过于简单。相较于其他动物，人类更擅长对"利害"进行分析，不仅能够分析事物的利益与风险，还能够根据过往线索推断事物未来的发展趋势，从而更好地获取利益和规避风险。

对于其他动物来说，任何令其不安的线索都可能导致致命的后果，但人类却可以通过分析令自己不安的线索而找出应对之法，从而轻松地躲避风险，甚至将其转化为自己的生存优势。比如，人类

对植物毒性的应用，使得人类能够捕获数量更多、体形更庞大的猎物。

虽然人类对不安线索有进行分析与运用的特质，但是并不意味着每一个人都能够妥善地运用这种特质，因为人类的认知与行动时常出现脱节。比如，在许多时候，我们能够意识到环境中所存在的不安因素，但我们并不会在行动上采取任何回避策略。

> 当看到屋顶渗水时，我们并不会立刻寻求专业人士的帮助，而是会再等一等、看一看。
>
> 当在策划一场活动时，我们虽然能够意识到方案中有些疏漏，但我们会告诉自己，这只是一个小问题，然后对其置之不理。
>
> 在照镜子时，我们发现头发正在日渐稀少，但并不会第一时间去寻求医生的帮助，而是尽可能减少照镜子的次数。

人们一度认为鸵鸟在遇到危险时会将头埋进沙子里，却将庞大的身躯暴露在外。这在我们看来显然是一种无效的行为策略，但我们在面对风险时，又何尝不是如鸵鸟一般呢？我们假装看不到风险，并祈求着它不要降临。

这种认知与行动上的脱节，被称作鸵鸟悖论，指的是感知到了风险，却没有试图应对、化解风险。

规避风险、追逐利益，这可以称得上是生物本能，那么为何我们在感知到风险后，却没有去规避风险呢？或许我们可以简单地解释为，风险降临与否是不确定的，我们不能为了不确定的风险而采取确定性的行动。

实际上，即便化解可能造成严重后果的风险需要付出的代价并不大，也无法使我们付诸行动。因为我们并不是因风险的不确定性，或出现风险的概率过低才选择不去行动，而是因为我们只懂得关注已经到来的风险，却不愿去关注尚未到来的风险。

面对尚未到来的风险与已经发生的风险，我们会选择截然不同的两种应对方式。

> 想象一下，一位自驾游爱好者，悉心设计了整条线路。在旅行的过程中，他听广播说，接下来的一段路程，可能会发生山体滑坡。在这种情况下，他很可能不愿意改变自己的行程，反而宽慰自己山体滑坡不一定发生，从而坚持自己的计划。
>
> 但是，如果这位自驾游爱好者在驾车转过一个弯道，看到前方正在发生山体滑坡，为了安全着想，他不会继续踩下油门，而是会转头往回走，让自己远离危险。

每个人都可以感知到风险的存在，面对尚未到来的风险与已经到来的风险，我们会做出截然不同的选择。之所以如此，是因为应对、化解风险需要去行动，而行动则意味着我们需要准备、实施与总结，而思维逻辑中的惰性一直在阻碍我们直视风险，使我们在面对尚未到来的风险时，自然而然地选择了保持现状。

在广告学中，有一个观点，即"人类有寻死心"。人类愿意接受那些明显对自身有损害，但却能带来积极情绪的事物，哪怕这些事物造成的损失远大于收益。因此，在面对危机时，我们如鸵鸟一般，将头埋进沙子里，在享受着安逸现状的同时，祈求着危机不要降临。

◈ 要点速览

1. 人类能够根据过往线索推断事物未来的发展趋势，从而更好地获取利益和规避风险。

2. 我们能够意识到环境中所存在的不安因素，但我们并不会在行动上采取任何回避策略。

3. 我们思维逻辑中的惰性一直在阻碍我们直视风险。

4 | 边际效应递减：为何投入越多，回报越少？

成长，是每个人都无法绕开的话题，也是许多人不愿面对的话题，更是一个沉重的话题。虽然成长的结果会给人带来满足感和愉悦感，但成长的过程则需要我们付出诸多精力，忍受种种艰辛。

虽然每个人都会通过不断的学习来实现自我成长，但这种成长并不会贯穿每个人的一生。

· · ·

出于对美好生活的追求，我们每个人都愿意付出精力，忍受艰辛，通过长时间的学习与实践，去获得在社会中安身立命的能力。在社会中立足后，虽然我们仍在不断地追逐着美好的事物，但却很难愿意再付出精力，更不愿意忍受艰辛进行自我成长。

可以说，这是个体年龄增长所带来的认知固化，抑或大脑机能下降导致的学习能力不足。确实，我们有种种理由来解释自我封闭的原因，但无论哪种解释，都无法掩盖我们随着年龄增长而衍生出的对成长过程的厌恶。

成长为我们带来了思维、技能、竞争力等全方位的提升，帮助我们获得了更加美好的生活，也使我们获得了对世界更为清晰的认知。可以说，无论我们身处哪个年龄段，都不会排斥成长本身，我们所排斥的是成长的过程。

如果说我们尚未在社会立足时，有着足够的动力去学习与成长，那么当我们在社会中站稳脚跟后，便很难再接受艰辛的成长过程。虽然此时我们仍然有着成长的需求，但这种需求的迫切程度，完全无法与往日相提并论。我们稍微深入思考一下，便会意识到除了动力的缺失之外，其实还有着另一种影响因素：边际效应递减。

所谓边际效应递减，指的是在其他条件不变的情况下，一种投入要素持续等量地增加，在达到一定规模后，其收益则会呈现递减态势。

相较于成长，我们更愿意享乐，无论是缩在沙发中观看一部精彩的电影，还是与好友聚餐逛街，都远比通过学习与思考获得成长有趣得多。我们常常幻想在实现财富自由后，可以每天都沉浸在轻松的享乐之中。但是如果我们真正地体验过这种生活，便会在短暂的欢愉过后，陷入无尽的枯燥之中。

> 经研究发现，同一享乐方式的无限重复，势必导致其带来的享受逐渐递减。无论是轻松的享乐还是艰难的成长，只有在初始阶段才具有最高的收益，而随着投入的增加，收益却在递减。

如果我们将边际效应递减套用到我们对成长的态度上，就可以找出问题的关键所在。

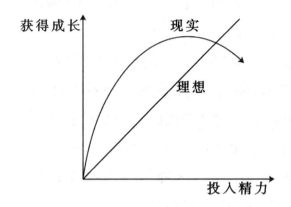

随着我们自身的不断成长，我们所面临的挑战也在增加。原本只需进行简单思考便可以有所收获的事情，随着思考的深入，许多时候我们经过冥思苦想也得不出想要的结论。

受边际效应递减的影响，我们投入了更多的精力，却无法获得像曾经那般的回报。因此，我们的思维逻辑将继续投入精力看作是一种回报不足的行为，从而使我们以一种"理性"的方式放弃了对成长的追求。

其实我们可以意识到，放弃成长并不是理性的选择，只是一种因边际效应递减而做出的无奈妥协罢了。实际上，面对这种情形，我们只需要将整体事物进行拆解，将其细分为一个又一个小模块，由此也就能将理解事物的难度降低，从而使我们的投入回报率最大化。

◈ 要点速览

1. 可以说，无论我们身处哪个年龄段，都不会排斥成长本身，我们所排斥的是成长的过程。

2. 所谓边际效应递减，指的是在其他条件不变的情况下，一种投入要素持续等量地增加，在达到一定规模后，其收益则会呈现递减态势。

3. 我们的思维逻辑将继续投入精力看作是一种回报不足的行为，从而使我们以一种"理性"的方式放弃了对成长的追求。

5 | 公平世界谬误：可怜之人，必有可恨之处

在理解复杂性事物时，我们的主观意识很容易陷入臆断之中，从而导致我们对事物产生偏见。以偏见去看待世间万物，所得出的结论自然会充满谬误。而这种谬误，既可能对我们造成负面影响，也可能对他人，乃至社会造成负面影响。

出人意料的是，我们的偏见并非全部来自主观的恶意，有时我们之所以会产生偏见，恰恰是来自我们的善意。

• • •

"共情"是现代精神分析学派的主要概念之一，通过共情我们可以与他人进行心理换位，从而能够设身处地，甚至是感同身受地认知到他人的情感、处境与心理状态。共情带来的情感共鸣使我们愿意主动帮助他人，表现出亲社会行为。

当看到他人陷入低落的情绪中时，我们内心也会产生相似的感受，从而使我们想要对其进行安慰；当我们看到他人因意外而受伤时，我们似乎也能感受到疼痛，从而使

我们愿意对其施以援手。

共情能力使个体的亲社会行为与社会集体产生共鸣，从而在促使人与人之间产生互惠行为的同时，也减少了交际过程中可能出现的冲突。但是，许多时候共情也会让我们感到苦恼，因为在看到他人处于糟糕的境遇中时，我们也会陷入低落的情绪之中。

如果说，以前我们可以通过对他人进行帮助来消弭低落的情绪，那么在如今的互联网时代中，许多时候我们却无法对他人施以援手。我们在互联网上获知了许多来自他人的悲惨境遇，共情使我们在感同身受中产生负面情绪，但我们却由于地域的阻隔无法对其施以援手，这种无力感会让我们感到痛苦。

虽然我们在互联网上会有意识地躲避类似的事件，但好奇心与同理心使我们很难对其视而不见。因此，我们在很长一段时间内，不得不经受这些来自共情的负面情绪的影响。渐渐地，许多人找到了一种摆脱这种影响的方法，他们认为，我们生活的世界是绝对公平的，一个人如果遭遇了不幸，大多是因为咎由自取，其本身便应该为自己的遭遇负责。

虽然我们生活在一个公平的世界之中，但由于每个人的经历、家庭、教育情况不同，对于个体而言，世界上并无绝对的公平。因此，将他人所遭遇的不幸看作是一种自作自受，显然是一种来自思维的偏见，而这种偏见，也被称作"公平世界谬误"。

这种由偏见所产生的思维谬误，会使一个人表现出具有恶意的行为，但我们不能说这种恶意行为的背后是一个人的思维中存在主观恶意。因为这也可能是思维中的善意在行为中的反向表现。

思维在行为中的反向表现，听起来似乎有些让人难以理解，但实际上并不复杂。

> 当我们在网络上获知他人的悲惨遭遇后，共情使我们很想帮助对方，但当我们或是不知道对方的联系方式，或是根本不具备帮助他人的能力时，我们便会产生负面情绪。当我们无法通过对他人进行帮助来消弭这种负面情绪时，我们的思维便为我们找到了另一条道路，我们将世界认为是绝对公平的，从而对受害者进行"污名化"，认定其所遭受的不幸是一种"自作自受"，从而使我们从共情所带来的负面情绪中挣脱。

这虽然使我们从负面情绪中挣脱，但却会使那些正在遭遇不幸的人遭受莫名的指责与压力，更会对社会造成负面影响。因此，我们需要认识到，对个体而言，世界并非绝对公平，那些遭受悲惨境遇的人也并非自作自受。

公平世界谬误使我们思维中的善意反向表现为行为上的恶意，这又何尝不是向我们揭示了自我感知能力的重要性呢？

◈ 要点速览

1. 我们的偏见并非全部来自主观的恶意，有时我们之所以会产生偏见，恰恰是来自我们的善意。

2.许多时候共情也会让我们感到苦恼，因为在看到他人处于糟糕的境遇中时，我们也会陷入低落的情绪之中。

3.恶意行为的背后，也可能是思维中的善意在行为中的反向表现。

6 | 速成思维: 不是我不行, 而是大环境不好

社会发展带来了新事物, 新事物的出现则会开辟出新的市场, 而每一个新市场的出现, 都意味着一次利益格局的重新分配。市场在其初期阶段总会经历一个野蛮生长的过程, 随着其蕴含的资源总量不断提升, 参与到市场之中的人大多能够收获满满。

我们身处一个快速发展的社会, 因此我们大多体会过这种市场增量的过程。我们感叹于自己把握住了机会, 却没有意识到机会中隐藏的风险。

$$\bullet \quad \bullet \quad \bullet$$

人们之所以能够在一个初期市场中获取到足够的收益, 除了初期市场资源处于增量状态之外, 还有一个原因则是初期市场内部并没有形成有效和可供参考的路径、经验和流程, 因此个体的竞争力并不存在巨大的差异性。

在互联网行业刚刚兴起时, 参与到市场中的个体大多处于同一起跑线, 而且市场内部并没有非常明确的分工体

系。如今我们所见到的产品、市场、运营、商务与流量投手，都是市场经过长时间发展后逐渐形成的体系。

一个初期市场虽然可以使大多参与者获得丰厚的回报。初期市场内部较低的竞争压力，也使得参与者无须对单一能力和事物进行过多的思考与学习，便足以跟随市场的脚步前行。市场内部的无序状态，更是使许多人凭借对机会的把握就能获得巨大的回报。在这种机会遍地的市场状态下，人们愿意尝试却不愿意钻研，愿意找寻机会快速成功，却不愿意通过坚持学习来换取成长后的竞争力提升。

一个市场总会度过野蛮无序的快速成长期，继而进入平台期，或者说是平稳期的阶段。那些遍地的机会与看似不会停止的资源增量，总会随着市场状态的变化而停滞与消失。

初期市场往往是时代的馈赠，成熟才是市场的常态。而在成熟市场状态之下，许多人感到无所适从，原因在于他们已经在初期市场中养成了"速成思维"。他们在初期市场中听到了无数的财富神话，见证了他人凭借一次机会就换取到巨大收益。这让他们相信，成功是一件简单且快速的事情，只需要正确把握一次机会，便能够"速成"。

思维是我们人生的一部分，既是我们的朋友，又是我们的敌人。它使我们能够思考，却并不一定能够得到正确的答案。正如速成思维和我们开的一个小小玩笑，就可能使我们蹉跎无数时光。

在生活中，有许多人将"市场越来越不好"挂在嘴边，抱怨着自己收入的减少。但当我们问及他们是否想做出什么改变时，便会发现他们没有尝试任何改变。虽然处于这个市场中的他们依然可以获取到足够丰厚的回报，但这并无法打破他们对"市场越来越不好"的断定。

速成思维使人们只愿意关注那些能够快速赚取到巨大收益的事件。人们希望既不投入金钱成本，也不投入精力成本，更不需要投入成长成本，便可以获得如初期市场那般的收入。

显而易见，这种思维是非理性的。我们并没有意识到自身所秉持的速成思维信念。我们只是觉得生活越来越难，快乐越来越少，从而开始抱怨，却忽略了思维中所存在的问题。

但是，我们可以通过简单的自我诘问，使自己从速成思维中警醒过来。

市场判断：我处于什么行业之中，这个行业如今处于什么状态？

定位判断：我与行业中的其他人相比，有什么优势与劣势？

能力判断：我的能力在行业之中处于什么梯队？

自我判断：我应该如何精进自身的能力？我所希望的生活需要我处于行业中的什么梯队？

我们需要强迫自己认识到自身所处的行业状态，通过客观地评价自身，从而得出自身的竞争优势与劣势，同时运用能让能力精进的思考，打破速成思维，将注意力重新聚焦于所处行业的现实情况。

◈ 要点速览

1. 市场在其初期阶段总会经历一个野蛮生长的过程，随着其蕴含的资源总量不断提升，参与到市场之中的人大多能够收获满满。

2. 人们愿意尝试却不愿意钻研，愿意找寻机会快速成功，却不愿意通过坚持学习来换取成长后的竞争力提升。

3. 显而易见，这种思维是非理性的。我们并没有意识到自身所秉持的速成思维信念。

7 | 反弹效应: 忘记那只戴着兔耳朵的猫

你是否在脑海中幻想过一只戴着兔耳朵的猫？或许在看到这句话的时候，一只戴着兔耳朵的猫便已出现在你的脑海之中了，它可能是白色的，也可能是棕色的。现在，请你控制住自己的大脑，确保那只戴着兔耳朵的猫不会出现在你的脑海中。

那么，现在你是否已经忘记了那只戴着兔耳朵的猫？或许没有这个疑问时，我们确实将那只戴着兔耳朵的猫抛之脑后了，但当我们想要验证这个问题时，我们却又会想起那只戴着兔耳朵的猫。我们在控制着自己的思维，但每当我们验证自己的思维是否得到控制的那一刻，它便会瞬间失控。

• • •

我们很难真正控制自己的思维。我们的思维似乎存在一种反弹力，每当我们想要强迫自己忘记一些事情时，这些事情却总是在我们的脑海中挥之不去。因为思维的自主监视特性，会自动对我们想要忘记的那些事物投入注意力，从而使我们无法忘记。

社会心理学家丹尼尔·魏格纳通过著名的"白熊实验"，发现人们的思维中存在着"反弹效应"，我们越是想要忘记一些事情，却越会想起这些事情。这也是为何我们会在生活中主动回避那些会令我们感到痛苦的事物，因为我们思维的不受控性，会让一个小小的痛苦对我们造成长久的负面影响。

就算我们将某件让人痛苦的事抛于脑后，也不意味着这件事就不会继续使我们感到煎熬，因为我们会不断回想起当众出糗时的窘状。虽然我们知道这并没有什么大不了，我们也会找出种种理由来迫使自己的思维对其进行遗忘，但这往往并不会产生效果，反而会使我们更加无法遗忘这件事。

许多时候，我们的精力便在这种理应遗忘却无法遗忘的事情中被不断消耗。我们不停地思考着这件事，重现着当时的场景与他人的反应，但这对已经发生的事情没有任何意义，只是一种不断令我们感到痛苦与焦虑的无效思考罢了。

我们总想要遗忘掉一些事情、卸掉一些包袱，从而使自己能够轻装上阵，不断前行。但是思维的自主监视特质使我们的思维出现反弹效应，从而将思维倾注于那些本该被我们遗忘的事情上。

我们希望遗忘却无法遗忘的那些事情，往往会令我们不断产生负面情绪。有时当我们正在享受快乐的情绪时，那些令我们感到痛苦的回忆却瞬间涌上心头，使我们当下的快乐迅速消失。

那么，我们到底应该通过什么样的方法，才能够控制住我们的思维，使我们免受反弹效应的影响呢？

一种方法是替代。我们可以有意识地中断回忆过程，当感知到自己的思维出现反弹效应时，便强制性地将负面回忆调整为积极的正面回忆。比如，当我们回想起自己出糗的表现时，便强迫自己去回忆那些令我们感到开心的事情。

替代的关键在于，当我们用积极回忆替代负面回忆时，不要去监视自己的负面回忆是否消失，而是尽可能地丰富积极回忆的场景，如当时的天气怎么样，都有谁在场，所处的环境是什么样子的。

我们通过对替代场景的细致思考，压缩反弹效应的空间，将思维资源全部占用，直至我们的思维开始发散至其他场景。

还有一种方法是强化。除了替代之外，我们也可以对负面回忆进行强化，从而提高我们对负面回忆的抵抗能力。我们可以刻意夸大负面回忆对我们造成的影响，将这段回忆扭曲失真，从而突破极限，让负面回忆不复存在。

◈ 要点速览

1. 我们在控制着自己的思维，但每当我们验证自己的思维是否得到控制的那一刻，它便会瞬间失控。

2. 对已经发生的事情进行反复思考没有任何意义，这只是一种不断令我们感到痛苦与焦虑的无效思考罢了。

3. 我们通过对替代场景的细致思考，压缩反弹效应的空间，将思维资源全部占用，直至我们的思维开始发散至其他场景。

8 | 框架效应：看似赚了，实则亏了

虽然人具有感性的一面，但在经济理论对人进行解读时，往往会认为人是理性动物。因为参与经济活动时，每个人都在理性地试图以最小的经济代价来换取最大的经济利益。

但是，许多时候我们并无法实现这种以最小的经济代价换取最大的经济利益的行为。虽然我们有着理性的决策动机，但在实际的实施过程中，却时常受到种种因素的影响，从而使我们的决策产生偏差。

这些影响并不需要多么强烈，可能只是一个标志、几句话，便可能使我们产生截然不同的决策判断。

• • •

充分的市场竞争让越来越多的商家意识到产品本身的重要性，而对于产品的开发，则需要契合用户的需求，挖掘用户的痛点。对痛点的挖掘，则很容易涉及人类的心理和思维领域。

对人类心理和思维领域的挖掘，使许多商家开始进行具有针对性的产品开发，从而使许多人陷入商家布置好的"陷阱"之中，从

理性决策转变为感性决策。比如，我们在咖啡厅消费时，商家希望顾客购买利润最高的中杯时，通常会提供小、中、大三种不同规格，我们在选择时，往往倾向于选择中杯。

商家知道对一件事物的认知需要参照物，为了改变我们的理性决策动机，商家会有意识地修改参照物，从而使我们对一件事物的"损失""收益"认知产生逆转，使我们的理性决策转化为一种被操纵的感性决策。

如果我们从金钱的角度去分析，显然购买是一种金钱上的损失，不购买则是一种金钱上的收益。但是，商家会通过修改认知参照物和各种优惠策略，将我们的认知进行扭转，使我们产生不购买是一种损失，购买是一种收益的认知。明明是相同的客观问题，但描述的方式不同，却会使我们产生截然不同的决策判断，这便是所谓的"框架效应"。

在相同的框架中，通过对相同客观问题的不同描述，使我们的理性思维受到影响，促使我们做出不同的决策判断。

在参与经济活动时，我们会表现出理性的一面，这种理性有助于我们抵抗消费主义的诱惑，更好地运用我们所掌握的财富。但是我们理性的思维决策过程，却可能受框架效应的影响产生偏差，从而购买了许多对我们没有实际意义的商品。

如果我们想要跳出框架效应，真正做到理性决策，则需要在思维中有意识地对认知参照物进行关注，厘清对我们来说购买这件物品是收益，还是损失。

对收益与损失的判断并不容易，因为许多时候商家会利用种种词语、图像，使我们对一件物品的真实效用产生错误的判断。比如，商家会通过使用前后的对比图与对使用后美好生活的展示，来使我们购买一件并不实用却价格高昂的祛痘产品。

面对一件不够实用却价格高昂的祛痘产品，我们自然会将购买断定为一种损失，但是当商家为我们描述祛痘成功后的美好场景后，便为这件产品附加了更多的价值，此时的我们便会将购买这款产品错认为一种收益。相较于产品所带来的美好生活，哪怕它再昂贵，又算得了什么呢？但是商家所描绘的美好场景真的会到来吗？答案显然是否定的。

错误的购买决策不仅会让我们的财产蒙受损失，同时也会使我们陷入懊恼之中。因此，在做出购买决策时，我们需要格外谨慎。

目的：我们需要明确自己购买一件物品的最终目的。

效能：在购买时，我们需要确保这件物品的效能能够满足我们的需求。

判断：确保自己对效能的判断是来自物品本身的功能，而不是商家描述的愿景。

决策：从这件物品的本身进行判断，购买它是一种损失还是收益。

◈ 要点速览

1.虽然我们有着理性的决策动机，但在实际的实施过程中，却时常受到种种因的素影响，从而使我们的决策产生偏差。

2.明明是相同的客观问题，但描述的方式不同，却会使我们产生截然不同的决策判断，这便是所谓的"框架效应"。

3.如果我们想要跳出框架效应，真正做到理性决策，则需要在思维中有意识地对认知参照物进行关注，厘清对我们来说购买这件物品是收益，还是损失。

第六章

不疑自我：抚平自我内耗

1 | 沉没成本：加大投入，才能扭亏为盈？

每个人对损失都有着无法压抑的厌恶，一方面，损失本身便意味着一种生存危机；另一方面，损失代表着我们进行了失败的决策。因此，与其说我们在厌恶损失，不如说我们不愿承认失败。

失败代表着预期与结果之间的脱节，从理性角度来说，在面对这种脱节时，我们需要改变对过往决策的情感依赖，尽快改变自己的行为策略，从而使自己停止投入，避免失败决策所带来的损失进一步扩大。

但是在日常生活中，我们却很难做到这一点。我们在面对失败决策所造成的损失时，不仅不会停止投入，反而会继续加大投入。

• • •

我们进行的任何活动都需要投入成本，这种成本有可能是时间成本、机会成本，也有可能是情感成本、金钱成本。这也意味着，我们对自身的任何活动都存在预期，那么当最终的结果与我们的预期脱节时，我们便会认为自己遭受了损失。

虽然我们遭受了损失，但要是我们承认了这种损失的存在，那就会使我们因决策失败而陷入负面情绪，同时也意味着我们所投入的成本成了一种沉没成本，其不再具有为我们提供回报的可能性。因此，时常会有人拒绝承认损失的存在，从而投入更多成本。

　　在人际关系中，当我们与某个人相处得并不愉快，或是逐渐意识到对方不值得深交时，理性的选择是逐渐地疏远对方，以减少进一步的伤害。然而很多时候，我们会选择继续维持这段关系，甚至在已经承受了相当多的伤害之后，仍然不肯轻易放弃。

　　这是因为，我们在这段关系中已经投入了大量的情感成本和时间成本。如果承认这段关系无法长久维持，就意味着我们要面对自己的决策失误，以及放弃这些已经投入且无法回收的成本。这种对沉没成本的留恋和对决策失误的回避，往往让我们难以做出理性的选择，而是选择继续投入，希望以后情况能有转机。

我们为了弥补自己决策中存在的失误，或者说是不让我们所投入的成本变为一种既定的沉没成本，我们会投入更多的成本。但最终的结果大多是这些新投入的成本随着原有的成本一同沉没。

对已经付出且不可回收的沉没成本进行关注，并使其影响到我们的后续决策，本质上是一种思维谬误。这种沉没成本谬误是我们在生活中进行思维决策的最大阻碍。

但是，沉没成本在经济学中并不是一种有效的决策因素。在进行决策时，沉没成本是首先需要被忽略的因素。

在企业中，我们的思维会受环境的影响而表现得更加理性，比如，当企业开发出一款亏损的产品后，不会因为在开发过程中有成本投入，便选择继续生产。但是在生活中，我们的思维决策却并不会这么理性，因此大多数人的家里，很容易被一些明明用不到却不愿丢弃的东西所填满。

那么，我们如何才能够跳出沉没成本谬误造成的思维陷阱呢？

首先，我们需要改变系统性认知中对成本投入的决策方法。我们需要约束自己的成本投入惯性，在投入成本之前，仔细地权衡这件事物的投资回报率，防止因一时冲动而陷入其中。

其次，我们需要客观地评价过往决策，判断自己决策成功与失败的原因。同时，我们在每一个决策节点，都需要有意识地忽略沉没成本因素的影响，在不去计较过往成本投入的情况下，重新考虑一件事物的投资回报率，从而做出更加合适的决策。

◆ 要点速览

1. 与其说我们在厌恶损失，不如说我们不愿承认失败。

2. 对已经付出且不可回收的沉没成本进行关注，并使其影响到我们的后续决策，本质上是一种思维谬误。这种沉没成本谬误是我们在生活中进行思维决策的最大阻碍。

3. 沉没成本在经济学中并不是一种有效的决策因素。在进行决策时，沉没成本是首先需要被忽略的因素。

2 | 赌徒谬误：倒霉预示着好运

欲望、情绪、信念是意志的三大属性，我们对前两者无比熟悉，但许多时候对信念却无法具体感知。所谓信念，指的是我们对一件事物进行的事实认定，信念使我们确信事物会按照我们所预想的轨迹发展。因此，在许多时候，我们的思维只能感知到事实，却无法让我们感知到信念。

信念影响着我们对一件事物的判断，从而滋生出我们的欲望与情绪。由于我们没有感知到信念的存在，也就无法意识到信念中所存在的偏差。因此，许多时候我们虽然能够认识到自身存在种种问题，却很难找出问题的根源，只能进行盲目的尝试。

如果我们通过盲目的尝试来解决问题，那么就很容易使自己陷入不合逻辑的推理之中。

· · ·

我们在生活中不免需要对一系列随机事件进行决策，这种随机事件既有可能为我们带来收益，也可能使我们蒙受损失。但是我们在对这些随机事件进行逻辑推理时，时常认为这一系列事件之间存在某种关系。

比如，我们总会经历人生低谷，面临来自工作、情感、生活上的多重打击。我们有时会将这种打击归咎于运气不好，而在埋怨自己运气不好时，会近乎本能地认为，自己即将迎来好运。同样，如果我们在某一段时间中做任何事情都很顺利，这虽然会令我们感到开心，但同时我们的内心又对这种好运隐隐有些担忧，害怕自己马上就会迎来厄运。

> 如果一件事物在随机序列中频繁出现，我们便会认为其继续出现的概率会降低；如果一件事物许久没有出现，我们便会认为其马上就可能出现。对独立事件进行相关性判定，从而忽视了独立性，会使我们的思维产生认知偏差，陷入"赌徒谬误"之中。

如果我们将生活中的随机事件看作硬币的正反面，那么我们便如坐在牌桌前的"赌徒"一般，每一次出现正面都会令我们笃定接下来更可能出现反面；每一次出现反面，都会加强我们认为接下来会出现正面的概率。

但是，生活所抛出的每一枚硬币，其正反面的概率永远相同。如果我们的信念将一系列随机事件进行自相关的认定，并认为这是一种事实，则会使我们在错误的决策选择中不断沉沦。

赌徒谬误再一次揭示了我们思维中的非理性部分，而我们之所以会进行非理性的决策，在于预期与结果之间的差距影响着我们的思维决策参照点，使我们的决策行为产生不必要的偏差。

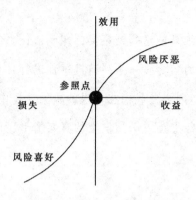

经济学中的展望理论很好地诠释了这种思维的特点，当我们对一件事物预设了决策参照点后，高于参照点的结果被称为收益型结果。在这种结果之中，我们会表现出对风险的厌恶，希望尽可能地将其转化为确定的收益。低于参照点的结果在展望理论中被称为损失型结果，这种结果出现时我们又会表现出对风险的喜好。在赌徒谬误的影响下，我们会认为事物即将产生逆转，于是通过不断加大投入来挽回损失。

那么，我们如何才能够摆脱赌徒谬误的影响呢？关键在于我们需要去对信念进行感知，认识到是信念在使我们对事物做出错误判断。这就意味着，我们需要通过思维对信念与事实进行区分，事实是已经发生或必然发生的真实情形，而不是我们信念所期望的场景。

信念让我们认为，抛出的下一枚硬币，应该出现许久未出现的正面，但事实却是哪怕正面许久未曾出现，下一枚硬币出现正面或反面的概率仍然相同。

◈ 要点速览

1. 我们的思维只能感知到事实，却无法让我们感知到信念。

2. 如果我们的信念将一系列随机事件进行自相关的认定，并认为这是一种事实，则会使我们在错误的决策选择中不断沉沦。

3. 事实是已经发生或必然发生的真实情形，而不是我们信念所期望的场景。

3 ｜短视谬误：谈什么未来？未来又没来

有一个非常有趣的现象：当我们在交谈中提及一些负面的形容词时，通常会被认为是用来形容他人的；而当我们提及一些正面的形容词时，又通常会认为这是用来形容自己的。

比如，在谈话中谈及短视这个问题时，大多数人都能以理性的角度进行分析，因为很少有人会将这种负面的形容词套用到自己身上，认为自己身上存在短视倾向。事实上，我们愿意承认社会中的大部分人，或者说人类的本性中存在短视倾向的特质，但是我们并不认为这种特质存在于我们自身。

或许，正是由于这种归因风格的影响，我们的思维中存在种种偏见，也正是因为短视倾向的影响，我们才会拒绝承认自身存在负面特质。

• • •

承认自身存在负面特质是一件痛苦的事。然而虽然这会在短期内降低我们对自我的评价，但从长远角度来看，对自身负面特质的消弭，无疑会使我们获得更好的生活。但在生活中，我们却很难去理性地权衡一件事的得失，许多时候，我们仍在依靠动物本能对某件事进行决策。

作为具备主观能动性，又能对事物进行分析以推测其发展方向的人类，并没有将这种能力真正地应用到每个决策环节之中。许多时候，我们在以一种短视的方式对事物进行决策。

比如，许多决心减肥的人在面对甜食时根本不具备抵抗力，在一次次的"只吃一点点"中宣告减肥失败。从长远来看，减肥成功不仅会带来个人形象的提升，还会使健康获得保障，但相较于长远的综合利益，摆在面前的蛋糕所带来的短暂欢愉，更能被人们所接受。

我们很难拒绝镌刻于基因中的诱惑。但人类的文明是建立在对本能的破除之上的，很多时候，想要获得更好的生活，就需要去抵抗我们的本能。

决策过程中的短视倾向，会使我们陷入种种麻烦之中。虽然我们都懂得如何做出利益最大化的决策，但当长远、巨大的利益与短暂、微小的利益摆在我们面前时，我们往往会抛弃理性，选择后者。

"短视谬误"会使我们做出与理性相悖的决策行为，但这种看似不合理的行为，背后也存在合理化动机。

任何人做出任何看似不合理的行为与决策，其背后都有支撑其做出决策的原始动机，这种动机可能是一种自我选择，也可能是受思维定式的影响。在短视谬误之中也有原始动机的存在，正是这种动机促使人们在决策时表现出短视倾向。

我们如今所体验的幸福生活并不是人类的常态，在人类长久的生存繁衍过程中，大多时间处于遍布危机的环境之中。在这种环境中，追求长久利益显然是一种无效的策略，因为在朝不保夕的生存挑战下，往往在长久利益尚未到来前，我们自身便已陷入生存危机之中。

在一个遍布危机的环境中，追求短期利益是一种有效的行为策略。但这种行为策略并不适合当下的社会，毕竟如今的我们已基本无须为生存本身而烦恼。但我们很难将追求短期利益的策略转化为对长期利益的追求，因为我们许多人还未拥有延迟满足的能力。

我们之所以未能拥有延迟满足的能力，在于我们对事物的思考大多聚焦于当下，而很少去思考未来。因此，我们可以使用"1-1-1"的决策方式，逐步培养起延迟满足的能力。比如，当一份甜食摆在我们面前时，我们需要思考的并不是接受与否，而是将对当下的思考延伸至未来。

如果我们吃下这份甜食：

一个小时后我们会得到什么，一天后我们会得到什么，一个月后我们又会得到什么。

如果我们没有接受这份甜食：

一个小时后我们会失去什么，一天后我们会失去什么，一个月后我们又会失去什么。

当我们将思维从当下解脱出来，以发展的眼光看待问题时，我们也就具备了延迟满足的能力，从而做出更好的选择。

◈ 要点速览

1. 正是因为短视倾向的影响，我们才会拒绝承认自身存在负面特质。

2. "短视谬误"会使我们做出与理性相悖的决策行为，但这种看似不合理的行为，背后也存在合理化动机。

3. 我们很难将追求短期利益的策略转化为对长期利益的追求，因为我们许多人还未拥有延迟满足的能力。

4 ｜自我情绪：客观的我和主观的我

来自外界的刺激会使我们产生心理上的反应，在客观条件相同的刺激之下，我们会因自身所处的文化、心理、态度、社会不同，而产生不同的情绪。而情绪对我们的思维、决策会起到巨大的影响。

许多时候，我们并非不具备理性决策的能力，而是在面临外界刺激时，我们的理性尚未做出反应，脱胎于自我情绪的感性判断便已快速地使我们做出决断。因此，如果我们想要以一种理性的思维对事物进行决策，为了使我们不陷入自我怀疑之中，则需要对自我情绪进行梳理与控制。

· · ·

我们无法预料来自外界的刺激会在何时出现，因此面对外界刺激的我们，内心与思维都没有对刺激的到来做好相应的准备。在这种情况下，我们的大脑往往会调用原生情绪来应对外界刺激。

所谓原生情绪，指的是我们对特定事件所产生的本能情绪反应。这种情绪反应并不受我们的控制，其主要由事件的类型、特质所决定。比如，我们在人行横道上行走时，有一辆车在闯红灯的情况下差一点撞到我们，这一刻我们所产生的情绪往往是恐惧。这种恐惧来源于我们的本能反应，不受控制。

原生情绪　　　　　思维加工　　　　　次生情绪
本能、不受控制　对原生情绪进行反应　受控、具有差异性

我们所能控制的是脱胎于原生情绪的次生情绪，它是我们对原生情绪进行思维加工后的产物。正如我们在差一点被撞到时会产生恐惧的原生情绪，在我们情绪稍稍平复，思维开始介入加工后，我们又会对其产生厌恶的次生情绪。

根据每个人所处的文化、心理、态度、社会环境不同，次生情绪会对同一客观事物产生不同的反应，表现出明显的差异性。同样是面对一辆闯红灯差一点撞到自己的轿车，有的人会认为是司机的莽撞，从而对其产生厌恶；有的人会认为司机是一名新手，从而对其感到无奈；又有的人会认为司机的家庭可能正在遭遇不幸，从而对其产生怜悯。

不同的次生情绪使我们每个人在面对同一客观事物时，会选择不同的行为策略，但不论我们最终选择了怎样的行为策略，依托于次生情绪所进行的决策，都无法确保我们做出的是最优选择。

无论我们身处怎样的情绪之中，只要我们无法摆脱情绪对决策的影响，便无法做出最优的决策。因为处于情绪之中的决策，由于受我们自身存在的多种因素影响而不具准确性。

因此，在面对生活中存在的种种出乎意料的外界刺激时，我们

需要从情绪中挣脱出来，才能做出最优的决策。那么，我们如何才能摆脱情绪的控制呢？实际上，对于这个问题，已有无数先贤给出了答案。

在西方哲学中有着我是"我"的观察者这一概念。在生活中我们面临的情绪，往往是主观的自我在进行反应，而想要摆脱情绪的影响，则需要我们引入客观的"我"，通过对自我情绪的观察，来使我们的思维回归理性。

想要做到以客观的"我"来看待自身，则需要我们对自我情绪进行辨别与控制。

感知自我情绪：在进行任何决策之前，我们都需要问自己一个问题："我是否处于情绪的影响之中？"

辨别自我情绪：当我们感知到自己正处于某种情绪之中时，我们需要的便是问自己另一个问题："我为什么会产生这种情绪？"

控制自我情绪：当我们寻找到自己的情绪根源后，便可以问自己最后一个问题："这种情绪对决策造成了什么影响？"

通过引入客观自我，可以使我们以旁观者的角度来看待自身情绪。在对自我进行提问时，我们便已经从情绪中挣脱，开始以一种客观的角度来看待问题，从而能够更好地调动思维资源，使我们做出最优的决策。

◈ 要点速览

1.我们无法预料来自外界的刺激会在何时出现，因此面对外界刺激的我们，内心与思维都没有对刺激的到来做好相应的准备。

2.我们所能控制的是脱胎于原生情绪的次生情绪，它是我们对原生情绪进行思维加工后的产物。

3.想要摆脱情绪的影响，则需要我们引入客观的"我"，通过对自我情绪的观察，来使我们的思维回归理性。

5 ｜穿针心理：越努力，越失败？

人的一生会遇见三件事：自己的事、别人的事、上天的事。而我们所能决定的，只有自己的事。但许多时候"自己的事"也并不会如我们所愿的那般发展，虽然我们努力谋划、谨慎执行，也可能在多种因素的干扰下产生不尽如人意的结果。也难怪古人要发出"有意栽花花不发，无心插柳柳成荫"的感叹。

越想得到什么，就越得不到什么。相信每个人都曾体会过这种无奈。

· · ·

对一件事的渴望，促使我们产生了在社会中采取行动和努力的动机，我们的每一个行为，最终都是为了实现某个目标。但许多时候我们越是努力，越是难以达成目标，而有时我们随手为之的举动，却又会给我们带来超出预料的收益。

实际上，许多人并没有真正意识到动机与效率之间的关系，我们总是认为动机与效率之间是正相关的关系，动机越强烈，效率也就越高。但实际上，动机与效率之间存在最佳水平的概念，动机不够强烈时效率会很低，但动机过于强烈时，效率反而会下降。

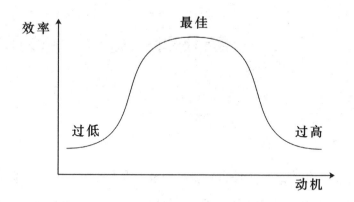

动机具有两面性。当事物带给我们的挑战与收益过低时，我们很难提起兴趣，效率自然也就不会太高；而当事物给予我们的挑战与收益很大时，虽然我们的兴趣会得到激发，但由于事物本身的难度很高，也会使我们的压力变大，而在压力的作用下，我们的效率反而会下降。

过高的挑战所引发的压力会降低我们解决问题的能力。比如，当我们轻轻地抓起鼠标时，我们可以轻松地移动手腕；但当我们用尽全力抓住鼠标时，我们的手腕却会变得僵硬，反而无法对鼠标进行灵活操纵。

同理，当企业要求我们对自己的方案进行一次公开的宣讲，我们在对照着镜子练习时，往往能够镇定自若、口若悬河。但是，当我们真正踏上讲台，台下观众的目光聚焦于我们身上的那一刻，我们瞬间便会感到手足无措。

越努力，越难以达成目标，就像我们要将线头穿入针孔中时，我们越是全神贯注，线头越难以穿入。这种现象被称为"穿针心理"。

动机的增强伴随着压力的增加，这似乎预示了我们的人生注定充斥着种种无奈。毕竟，我们追求的事物往往具有较高的实现难度，这虽然激发了我们的动力，促使我们提升了效率，但是在动力提升的同时，我们的压力也在增大。受压力的影响，我们的效率就会下降，导致我们与目标往往只有一步之遥，却难以跨越。

那么，我们如何才能够协调好动机、效率和压力之间的关系，并将它们融合在一起，从而使我们能够发挥出最佳的效率水平呢？显然，压力导致我们在行动的过程中出现了穿针心理和紧张的情绪，而正是受穿针心理和紧张情绪的影响，我们才无法达到最佳的效率水平。

因此，想要克服穿针心理，我们需要从压力这一因素入手，通过多种方式对的思维进行调整与优化。

提高反应限度。那些稍有不慎，便可能导致严重后果的场景使我们产生压力，从而表现出紧张的情绪。想要减轻这种压力，最为有效的方式便是提升我们在这种场景下的适应能力。

比如，我们在企业中公开宣讲时，通常希望不要有太多重要的领导在场。但实际上，我们应该在脑海中不断想象企业中最重要的领导们都会在场。这种想象，可以显著提升我们对压力的适应能力。

相较于重要领导出乎意料地出现在现场，我们预想中的重要领导未能出现在现场，更能降低我们的压力水平。

降低心理预期。许多时候，我们将一件事对我们造成的影响进行了过高地评估，认为其会使我们获得巨大的收益，抑或蒙受巨大的损失。但实际上，人生是一次次微小成就的组合，许多事情本身并不会对我们造成巨大的影响，我们无须将某一件事看得太过重要。

◈ 要点速览

1.越想得到什么，就越得不到什么。相信每个人都曾体会过这种无奈。

2.我们总是认为动机与效率之间是正相关的关系，动机越强烈，效率也就越高。

3.正是受穿针心理和紧张情绪的影响，我们才无法达到最佳的效率水平。

6 | 购后失调：早知道，再等等就好了

当下的社会无法依靠自身生产来满足自身所需，我们需要通过交换的形式来换取自己的生存所需。

有着相同功能的商品也会由于某些细节不同，而让我们有不同的选择。但是，可供选择的选项增多，对我们来说却不一定是一件好事。

· · ·

在商品匮乏的时代，我们在做消费决策时，并不需要面对太多的决策压力。选项的匮乏，使我们在许多时候，只需要对是否购买一件商品做出决策，无须去综合考虑一件商品的性价比。

如今，我们的决策过程要更加复杂，同时我们在从众多商品中选择了某一件后，还需要承担因机会成本而导致的损失。这使我们不仅要在购买前耗费无数精力对商品进行全面的分析对比，在购买后还要承担来自决策结果的冲击。

如今，许多购物平台存在"价格歧视"的现象，受时间、场景、渠道、市场和身份等多种因素的影响，商品的价格会呈现不同

程度的变化。由于"价格歧视"的存在，我们购物时会无可避免地承受一定的损失。

　　近些年汽车的价格一直处于下降趋势之中，假设我们在购买车辆前进行了详尽的调查与分析，最终选择了一辆最具性价比的车后，许多车辆却由于市场竞争加剧的原因进行了大幅度的降价。此时，我们可以用原本的价格购买到更好的车辆，也可以用更低的价格，购买到我们如今的车辆。

这种商品价格的波动，使我们无法确保自己的购买决策是正确的，因为我们要随时面临未来可能存在的价格与选择上的冲击。因此，当下许多人都存在"购后失调"的思维特质。即便人们在购买一件商品前进行了周密的思考，也会在这种思维特质的影响下对自身的购买决策产生担忧，进而引发焦虑。

购买的产品越昂贵，我们越是容易陷入购后失调之中；购买前越是进行了详尽的分析，我们越是容易对自己的决策患得患失。

可供选择的商品过多，叠加其本身的价格波动，在未来受到冲击时，我们就会怀疑自己决策的正确性。而当这种怀疑多次席卷我们的思维后，我们在做购买决策时便会举棋不定，无法做出决断。

购后失调不仅仅影响我们的购买决策，还会因为我们对购买决策的质疑，对所购商品产生厌恶，进而导致我们花费高价购买商品后，却无法享受到购买行为与商品效用为我们带来的积极情绪。

比如，许多人在购买了一辆车后，看到汽车市场的降价潮，就会觉得自己遭受了损失，也会对自己所购买的"爱车"产生厌恶感。每一次见到自己的"爱车"，似乎都在提醒自己，当初的购车决策是多么的错误。

因为我们无法自给自足，又不能因为购后失调而停止购买商品，所以我们需要做的就是消除购后失调带给我们的困扰，使我们在敢于决策的同时，不会为自己的决策感到懊恼。

主动筛选信息。市场的波动是多种因素合力的结果，我们无法精准预测到市场的波动，意味着我们只能对当下的决策负责。因此，当我们做出决策时，需要有意识地对信息进行筛选，尽可能不去关注未来的变化因素。

关注商品本身。相较于商品的价格波动与机会成本可能导致的损失，我们更应该关注商品本身的效用。只要商品能满足我们的需求，我们便可以认为自己的决策是正确的。

◈ 要点速览

1. 可供选择的选项增多，对我们来说却不一定是一件好事。

2. 购买的产品越昂贵，我们越是容易陷入购后失调之中；购买前越是进行了详尽的分析，我们越是容易对自己的决策患得患失。

3. 我们花费高价购买商品后，却无法享受到购买行为与商品效用为我们带来的积极情绪。

7 | 可得性启发：越容易得到的，越危险

在许多时候，争吵并不是为了对错，而是一种纯粹的情绪发泄。而人与人之间之所以会产生争吵，在于人与人之间无法做到互相理解。毕竟，在我们处于愤怒的情绪之中时，我们的共情能力会自然而然地被压制。

每一个处于争吵之中的人，都会为自己的愤怒找到合理的原因，在争吵的过程中，每个人都认为自己有着无法比拟的正确性，而他人的辩解不过是一种诡辩而已。

• • •

虽然我们在日常生活中时常会与他人发生争吵，但从根本上来说，没有任何一个人愿意主动引发争吵。毕竟，争吵会使我们与他人的关系受损，同时也会使我们自身产生懊悔的情绪。

那么，在争吵过后会感到懊悔的我们，为何依然会不断地陷入争吵之中呢？我们的理性为何没有去控制我们的行为，使我们以缓和的态度去与他人进行交流呢？原因在于，争吵本就是基于我们的理性而进行的，只是我们的理性在这一刻产生了偏差而已。

如果我们对自身有着足够的感知能力，便可以意识到，在争吵即将爆发时，我们的思维并不是一片空白。在这一刻，我们的大脑会对一些过往的场景进行调用，会通过回忆进行综合分析，来决定我们是否要展开一场争吵。

> 比如，在生活中我们不免会和伴侣产生争吵，这种争吵往往是由一件小事，或是几句话所引发的。而在争吵正式开始之前，我们的大脑中会回想起许多过往的细节，也正是这些细节对我们产生了影响，从而催化了我们的情绪，使我们陷入争吵之中。

为何回忆过往的细节会对我们产生影响并催化我们的情绪呢？原因在于，我们的大脑在对记忆进行调用时会产生偏差，我们所能回忆起的往往是会激发我们负面情绪的细节。当我们的伴侣埋怨我们很少打扫家庭卫生时，我们的大脑却令我们回忆起不久前打扫家庭卫生时的场景，从而使我们将对方的话语看作是一种"污蔑"，这自然会让我们出现愤怒的情绪，从而陷入争吵之中。

在面对那些紧急的事件，需要我们快速做出决策时，我们的大脑思维也会产生偏差。我们的大脑只能回忆起那些易于想起的事物，这种思维偏差也被称为"可得性启发"。

在面对紧急且需要快速做出决断的事物时，我们的大脑会根据我们当下所处的环境、所面临的问题，调动我们思维中最容易回忆的场景，来辅助我们做出判断。

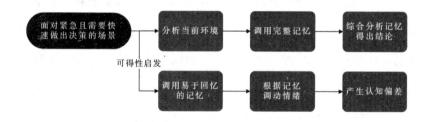

虽然最容易回忆起的场景试图帮助我们进行判断，但由于回忆内容太少，从而导致我们的判断出现失衡。毕竟，相较于快乐的场景，那些负面的场景更能被我们所铭记。因此，当伴侣埋怨我们时，我们调用的记忆往往会出现其过往对我们的指责，从而使我们感到愤怒。我们可以通过对调用过程的控制，将记忆调用所导致的认知偏差带来的负面影响降到最低。

短暂停顿。面对紧急且需要快速做出决断的事物时，我们都需要对自我进行控制，在感知与行动之间有意识的停顿。

调用记忆。在停顿的过程中，我们要快速地根据当下场景进行回忆，然后对记忆进行正面与负面的定义。当我们发现调用的记忆是负面的时，需要强迫自己调用出正面的记忆。

分析记忆。我们需要对第一时间出现的记忆与我们主动调用的正面记忆进行综合分析，得出理性客观的结论，从而使我们的冲动情绪得以控制。

想要打破可得性启发带来的思维偏见，关键在于要让情绪在记忆被调用之前暂停一下，使我们为理性思维的介入建立先决条件。

◈ 要点速览

1.每一个处于争吵之中的人，都会为自己的愤怒找到合理的原因。

2.我们的大脑在对记忆进行调用时会产生偏差，我们所能回忆起的往往是会激发我们负面情绪的细节。

3.让情绪在记忆被调用之前暂停一下，使我们为理性思维的介入建立先决条件。

8 | 道德许可谬误：健身后的炸鸡最好吃

　　我们习惯于对世间万物做出好与坏、善与恶的定义，这种定义可以帮助我们简化对世界的认知，使我们能够对事物进行快速判断。但是，这种定义方式，不仅会使我们陷入二元对立思维模式之中，也会使我们自身的行为模式受到负面影响。

　　"天下皆知美之为美，斯恶已"，实际上，古人的哲学智慧对这种思维方式早有警醒。

• • •

　　我们不仅对外界的事物进行好与坏、善与恶的定义，还时刻对自身做出相同的定义。我们会在日常生活中对自己的种种行为进行区分，对自己的行为进行定义，从而评估自身的行为是否符合我们的预期。

　　也正是由于对行为的好与坏进行定义，使我们的行为逻辑在许多时候出现了问题。比如，当我们将健身看作一种好的事情，将吃炸鸡看作是一件不好的事情时，我们很容易受这种好与坏的影响，从而一脚踏入"道德许可谬误"之中。

"好与坏""善与恶"组成了自我评价的道德标准。而当我们对某一件事情设立明确的道德标准后，我们反而会做出违背自我评价的道德标准的行为。这听起来有些让人难以接受。正如我们因健身而筋疲力尽后，反而会用一些炸鸡来奖励自己，当我们做出了好的行为，也就是做出符合自我评价的道德标准的行为后，我们后续的行动会倾向于违背自我评价的道德标准。因此，我们会用吃炸鸡这种坏的行为，作为对我们的奖励。

我们之所以会做出这种违背自我评价的道德标准的行为，本质在于当我们做了一件好的事情后，再去做坏的事情，便不会有过高的负罪感。我们希望能吃炸鸡，但负罪感阻止了我们去吃炸鸡，此时健身这一好的行为，使我们的负罪感降低，从而使我们愿意打破自我评价的道德标准。

对自身行为进行好与坏、善与恶的定义，使我们努力所获得的成果在很短的时间内就被自己打破。比如，我们努力工作一天之后，会通过通宵达旦的玩乐来奖励自己，从而导致我们第二天上班时缺乏精力。

这种道德许可谬误，使我们陷入了一个"努力—获得成果—挥霍成果"的怪圈。深陷怪圈中的我们，在兜兜转转中荒废着人生。

对自身行为进行好与坏、善与恶的定义，揭示出了许多人的思维中所存在的问题。如果我们观察、区分那些好的行为便可以发现，其表现出的都是积极的一面。比如，健身、学习、钻研，这些都是好的行为，都会使我们取得人生的进步。

那么，这种对自身行为进行好的定义，是否意味着我们的思维深处是想要去做坏事的呢？毕竟只有这样，我们才会将控制自我行为看作是一种惩罚，将放纵自我的行为看作是一种奖励。显然，我们的价值观是存在问题的。正如凯利·麦格尼格尔在书中所说的那般："我们将那个冲动、懒惰、容易受诱惑的自己看作是真正的自己。"

可以说，道德许可谬误揭示了一种身份危机，即在我们的思维深处对自我有着负面的认定，从而使我们将自控看作是一种惩罚。显而易见，在这种认定中，我们必然不会获得想要的成果。

因此，我们需要对自我思维进行调整，擦拭掉附着于自我上的灰尘，露出真实的自我。

去区别化。我们对自身行为的定义，不应以好与坏、善与恶进行区分。我们需要扭转自己的定义方法，以符合与不符合自我内心来进行定义，如我们不是做了一件好事，而是做了一件应该做的事。

目标分离。在行动的过程中，我们需要将目标与行动进行分离。我们不去评估行动节点，只关注目标是否完成，这就意味着，我们只为目标的完成提供奖励，而不是因为行动奖励自己。

重塑自我。自我到底是什么样子？或许自我有着懒惰、冲动的一面，但那不是我们真正想要的样子，毕竟我们都希望自己有高度的自控力与积极的行动能力。因此，我们需要对自我进行重塑。当我们意识到所表现出的懒惰、冲动并不是我们的本意时，我们需要重新对"自我"进行思考，找到"自我"的真正定义。

◈ 要点速览

1. "天下皆知美之为美，斯恶已"，实际上，古人的哲学智慧对这种思维方式早有警醒。

2. 我们之所以会做出这种违背自我评价的道德标准的行为，本质在于当我们做了一件好的事情后，再去做坏的事情，便不会有过高的负罪感。

3. 在我们的思维深处对自我有着负面的认定，从而使我们将自控看作是一种惩罚。